L'avenir de la robotique

Technologies robotiques du 21e siècle

Impact transformateur et considérations
éthiques de la technologie robotique

Alan Sparkbot

Contenu

Chapitre 1 : L'ascension de la technologie mécanique : un point de vue vérifiable 6

    Développement de la technologie mécanique de la fiction au monde réel 23

Chapitre 2 : Les systèmes de vie des robots : comprendre leurs pièces et leurs fonctions 26

    Enquête sur les activités internes de la mécanique avancée actuelle 47

Chapitre 3 : Mécanique de haut niveau dans l'industrie : changer la collecte et la création 49

    Des systèmes de construction séquentiels aux lignes de production astucieuses 61

Chapitre 4 : Les robots dans les soins médicaux : changer les médicaments et les patients 64

    Avancées en matière de technologie mécanique soignée et d'aide clinique 74

Chapitre 5 : Le travail des robots dans les enquêtes : propulser les divulgations spatiales et maritimes 76

    Des Mars Wanderers aux Voyageurs océaniques éloignés 85

Chapitre 6 : Mécanique avancée et enseignement : façonner le destin de l'apprentissage 89

    Coordonner la technologie mécanique dans le programme éducatif STEM 108

Chapitre 7 : Véhicules indépendants : vers un avenir sans conducteur 110

Naviguer sur les routes avec des véhicules alimentés par l'IA 124

Chapitre 8 : Mécanique avancée et agriculture : développer les compétences et la supportabilité.... 126

Cultiver la précision et la transformation rurale 135

Chapitre 9 : La robotique dans les interventions en cas de catastrophe : améliorer la sécurité et les opérations de sauvetage 137

Déployer des robots dans des situations d'urgence 146

Chapitre 10 : La morale de la mécanique avancée : tendre vers les ramifications morales et sociales ... 148

Équilibrer innovation et responsabilité 160

Chapitre 11 : Les effets des robots sur l'emploi sur la dynamique de l'emploi et de la main-d'œuvre 162

S'adapter au paysage changeant de l'emploi 169

Chapitre 12 : Accessibilité et robotique : Donner plus de pouvoir aux personnes handicapées 171

Améliorer l'accessibilité grâce à la robotique d'assistance 178

De l'animatronique aux artistes interactifs 190

Chapitre 14 Comprendre les complexités des applications militaires grâce à la robotique et à la guerre 192

Analyser la contribution de la robotique aux stratégies de défense 199

Chapitre 15 : Du compagnonnage à la coexistence : l'orientation de l'interaction homme-robot dans le futur 202

    Analyser la dynamique des relations entre les personnes et les robots...208

Chapitre 16 : Technologie mécanique et préservation de l'environnement : sauvegarder la nature grâce à des dispositions innovantes..211

    Utiliser des robots pour les activités de conservation..219

Chapitre 17 : Reconstruire les communautés après une catastrophe grâce aux innovations robotiques en matière de reprise après sinistre...................................222

    Utiliser la technologie pour reconstruire après une catastrophe 229

Chapitre 18 : Assistants personnels et robots : redéfinir la vie quotidienne avec des compagnons IA 232

    Soins personnels à l'automatisation de la maison 238

Chapitre 19 : Recherche et développement en robotique : obstacles et opportunités..........................241

    Naviguer à la frontière de l'innovation robotique 248

Chapitre 20 : L'avenir de la robotique : prédire les tendances et concevoir le monde de demain............250

Envisager la prochaine ère de l'intégration de la robotique 261

Chapitre 1 : L'ascension de la technologie mécanique : un point de vue vérifiable

Les machines qui copient les exercices humains ou animaux captivent l'humanité depuis assez longtemps. Des incroyables machines des légendes grecques aux représentations astucieuses de Léonard de Vinci, le rêve des robots a immergé nos personnalités inventives. Cette partie plonge dans les véritables fondements de l'innovation mécanique, en suivant son évolution depuis ses débuts jusqu'aux machines raffinées qui façonnent notre réalité actuelle.

- Premiers rêves : du rêve à la pièce Notre avantage en matière de robots peut être suivi jusqu'à la tournure des événements. Les rêves grecs examinaient Talos, une bête de bronze protégeant la Crète, et Héphaïstos, le maître du feu et du travail des métaux, qui fabriquait de splendides machines. Ces enregistrements, bien que fantastiques, ont jeté les bases de machines préparées pour une tournure des événements semblable à celle des humains. Avance rapide jusqu'à la Renaissance, lorsque des créateurs comme

Léonard de Vinci ont relancé ces considérations sur papier. Ses blocs-notes contiennent des représentations point par point de chevaliers mécaniques, de figures humanoïdes et, de manière choquante, d'un camion auto-incité, affichant une perception centrale de la mécanique et des normes de planification. Quoi qu'il en soit, jamais créés, ces plans constituent une exposition de la pensée visionnaire de cette période.

L'époque des machines : merveilles de la planification Les XVIIe et XVIIIe décennies ont été marquées par un essor du développement des machines. Ces machines confuses, habituellement grandeur nature, étaient des merveilles de planification, préparées pour effectuer des tâches complexes comme l'organisation, jouer de la musique et, quoi qu'il en soit, manipuler de la nourriture (mais le dernier choix était une partie importante du temps une délicatesse pointue). Des personnalités comme Jacques de Vaucanson, un pionnier français, ont déplacé des machines étonnantes, notamment un canard mécanique qui pouvait manger et faire caca (avec une partie secrète pré-empilée) et une figure humaine qui jouait de la flûte. Ces merveilles de configuration contrôlèrent l'intérêt du public et jetèrent les bases de l'avancée de machines extrêmement complexes. Le changement de pointe : la présentation de l'innovation mécanique pratique L'agitation avancée a été présentée à un autre moment pour l'innovation mécanique. Avec l'essor des bureaux modernes et l'énorme portée de la fabrication, la condition préalable pour que les machines robotisées effectuent des tâches ennuyeuses est devenue une évidence dynamique. Les robots actuels étaient moins merveilleux que les machines de la période précédente, se concentrant sur la commodité plutôt que sur un mimétisme ahurissant. L'un des premiers modèles est le métier à tisser à vapeur conçu par Jacquard en 1801.

Cette machine utilisait des cartes perforées pour contrôler le processus de torsion, une réalisation fondamentale dans l'amélioration des machines programmables. À long terme, ces robots avancés se sont avérés de plus en plus ahurissants, jetant les bases de la motorisation qui décrit la fabrication actuelle.

Le 20e siècle : vers des machines pointues Le 20e siècle a été témoin d'une expansion stupéfiante dans le domaine de l'innovation mécanique. La fabrication du semi-conducteur en 1947 a réduit la taille des appareils, prévoyant l'ajout de robots supplémentaires sans prétention et plus polyvalents. Des chercheurs de premier plan comme George Devol et Joseph Engelberger ont encouragé le principal robot actuel doté de bras programmables dans les années 1950. Cette amélioration a représenté un tournant décisif, car les robots pouvaient désormais être habitués à effectuer un plus grand nombre d'activités. La dernière moitié du siècle a vu de nouveaux mouvements dans l'innovation mécanique, avec l'essor de la programmation et de la pensée modernisée (connaissance reconstituée). La possibilité pour les robots d'effectuer des tâches ainsi que de choisir et de s'acclimater à leur situation actuelle a commencé à se concrétiser comme prévu. Les structures de vision, les capteurs et les calculs de contrôle de niveau indéniables ont permis aux robots de faire équipe avec le monde d'une manière vraiment déconcertante. Un point de vue évident du développement mécanique : les progrès mécaniques constants sont la conséquence d'une riche coutume tenable qui va au-delà de ce que beaucoup considéreraient comme possible à l'époque. pour se reposer et s'étaler dans des convictions extrêmes plus pré-arrangées. Voici quelques réalisations cruciales de cette coutume : Vestige : Les anciennes fondations communautaires possédaient leurs types de robots et d'engins mécaniques. Par exemple, les Grecs obsolètes fabriquaient des automates complexes, les remarquables « Pigeon d'Archytas » et « Le spécialiste en mécanique » de la Légende d'Alexandrie. Époques révolues : Au cours de cette période, les fabricants ont continué à examiner les appareils mécaniques. Al-Jazari, un ingénieur du XIIIe siècle, a arrangé différents automates, dont un orchestre mélodique et un paon mécanique. Renaissance et éclaircissement : Léonard de Vinci a conceptualisé des plans pour des robots humanoïdes, même s'ils étaient rarement rassemblés. Ses représentations comprenaient des contemplations de chevaliers mécaniques et d'autres personnages précis. L'agitation actuelle :

Les dix-huitième et dix-neuvième années ont vu des progrès fondamentaux en matière d'appareils et d'informatisation. Les robots d'aujourd'hui sont apparus, principalement dans le but ultime de collectionner. 20e siècle : L'adage « robot » a été écrit par l'essayiste tchèque Karel Čapek dans sa pièce « RUR » (Rossum's Global Robots). Au cours du XXe siècle, des experts comme George Devol et Joseph Engelberger ont cultivé les robots essentiels d'aujourd'hui pour les cadres de développement consécutifs. Années 1960 : Le domaine de l'innovation mécanique s'élargit rapidement. Des chercheurs comme Joseph Weizenbaum ont examiné la pensée artificielle et le bras robotique principal (Unimate) a été présenté dans une usine de manutention d'Overall Motors. Au-delà des années 60 : la mécanique de haut niveau a continué à créer, avec des applications dans l'examen spatial, les opérations cliniques et la présence normale. Les robots sociaux, tels qu'ASIMO et Pepper, sont entrés en scène. Dans les récits de la série de rencontres de l'humanité, le fait de faire en sorte que des animaux contrefaits aident ou reproduisent des individus a fasciné les progrès humains pendant une période très longue. Des vieilles légendes des automates à la saison de l'innovation mécanique de pointe, le voyage de l'innovation mécanique est autant une démonstration de la créativité humaine qu'une impression de nos objectifs et de nos peurs. Les germes d'une mécanique de pointe ont été implantés dans les personnalités des événements anciens. Des histoires tirées de vieilles fables grecques, par exemple l'histoire de Talos, un robot bête en bronze qui dépendait de la surveillance de l'île de Crète, ont suscité l'intérêt humain à créer une vie contrefaite. Ces premières histoires ont jeté les bases de la possibilité de faux animaux capables d'accomplir des tâches dépassant les capacités des individus. Quoi qu'il en soit, c'est peu de temps après le début de l'agitation avancée, au cours des XVIIIe et XIXe années, que l'opportunité de l'informatisation mécanique a commencé à prendre une dimension évidente. Le développement de cadres de chance étonnants et confus et la progression des premières machines contrôlées par la vapeur ont préparé le monde informatisé qui allait suivre. La maxime « robot » elle-même trouve son origine dans le mot tchèque « robot », qui signifie travail obligé ou servitude. Il a été créé par l'auteur Karel Čapek dans sa pièce de 1920 "RUR (Rossum's Broad Robots)", qui dépeint de faux animaux conçus pour servir l'humanité, résistant de toute façon à leurs producteurs. Cet ouvrage unique a confirmé l'adage « robot » tout en introduisant des sujets de liberté, d'éthique et des résultats potentiels de la fabrication de machines astucieuses. Le milieu du XXe siècle a vu des progrès fondamentaux dans la mécanique de pointe, poussés par des progrès rapides en matière d'imagination et par la course à l'espace. Des fondations comme le Massachusetts Underpinning of Advancement (MIT) et des affiliations comme la NASA attendaient un rôle crucial pour repousser les limites de l'analyse mécanique et de l'automatisation.

Des robots actuels focalisés présentés par George Devol et Joseph Engelberger dans les années 1950 aux vagabonds lunaires véhiculés lors des missions Apollo, d'indéniables mécanismes de niveau sont passés de l'espace de la science-fiction à une réalité mentalement calme. À mesure que la prise en charge de la force se développait et que sa réduction devenait possible, le progrès mécanique est entré dans une nouvelle ère aux multiples facettes. Le mouvement des puces, des capteurs et des actionneurs a dessiné le plan de robots disposés pour des missions incroyables et des façons polyvalentes de gérer le jeu d'acteur. Bounce progresse dans la pleine conscience artificielle, en particulier dans les domaines de la connaissance basée sur PC et des affiliations psychiques, repoussant encore les limites des robots, leur permettant de voir, d'apprendre et de communiquer avec leurs variables écologiques de manière puissamment complexe. Aujourd'hui, le développement mécanique imprègne tous les aspects de la vie actuelle, depuis les affaires sociales et les avantages cliniques jusqu'aux transports et au détournement. Les robots agréables, ou « cobots », travaillent à proximité des gens pour prendre soin des plantes, réduisant ainsi leur viabilité et leur épanouissement. Des robots prudents aident les spécialistes avec précision et ruse, bouleversant les entreprises. Les véhicules indépendants s'engagent à changer les transports, en rendant les rues plus sûres et plus utiles. Quoi qu'il en soit, à mesure que la progression mécanique se poursuit, elle soulève également d'énormes questions sur la morale, le travail et la chance de l'humanité elle-même. Le déplacement des projets gratuits concerne les envois d'œuvres et l'incohérence liée à l'argent, tandis que la possibilité de remarquer les machines est irritée par la façon dont nous pourrions relâcher la perspicacité et la responsabilité morale. Dans cette partie, nous partirons en excursion dans le temps, en regardant vers les premières phases, les réalisations et les résultats du développement mécanique croissant. Des fantasmes et légendes des périodes passées aux progrès les plus modernes de l'avancement mélodique, nous rebondirons dans le riche enroulement du cerveau créatif humain et du développement qui a montré l'univers des progrès mécaniques comme Nous avons en fait quelques informations à ce sujet. Nous examinerons comment des progrès mécaniques ont été réalisés au cours de ses premières phases raisonnables en tant que participant à des histoires dans un domaine multidisciplinaire englobant la coordination, la programmation et la recherche sur la psyché mentale. Nous examinerons les moments clés et les chiffres clés qui ont contribué à la progression du développement mécanique, depuis les premiers pionniers comme Nikola Tesla et Alan Turing jusqu'aux pionniers contemporains, par exemple Rodney Streams et Hiroshi Ishiguro. Notre sortie nous mènera à travers le monde créatif. des réalisations qui ont illustré l'avancement de la mécanique de pointe, depuis la création du robot programmable par George Devol jusqu'à l'amélioration de robots humanoïdes raffinés comme ASIMO et Sophia. Nous plongerons dans les sauts dans les convictions causées par l'homme qui ont permis aux robots de voir et de détendre leurs éléments naturels dans l'ensemble,des cadres de vision PC capables de voir les choses et les apparences aux calculs ordinaires de surveillance du langage qui font appel à des robots pour gérer et répondre à la parole humaine. En cours de route, nous analyserons les différentes explications derrière le mouvement mécanique à travers des entreprises et des espaces sans fin. Nous examinerons comment les robots modifient les lieux de rencontre et les facteurs de création, facilitant les processus de création et renforçant la capacité de création. Nous découvrirons comment les robots modifient les avantages cliniques, en aidant les professionnels formés et les accompagnateurs dans leurs efforts, leur rétablissement et leurs considérations de haut niveau. Nous découvrirons comment les robots remodèlent le transport et l'examen, depuis les véhicules et robots autonomes jusqu'aux dériveurs planétaires et aux submersibles océaniques lointains. Mais notre évaluation des événements qui arriveront au mouvement mécanique ne se limitera pas aux seules améliorations créatives. Nous lutterons en conséquence contre les conséquences morales, sociales et philosophiques d'un monde peuplé de machines pointues. Nous examinerons les revendications d'indépendance et d'associations, ainsi que l'effet imaginable de la mécanique de haut niveau sur le travail, la diversité et la prospérité humaine. En outre, nous envisagerons de rester dans notre réalité stable, où les humains et les robots s'associent, se réunissent et, peut-être même, structurent des liens monstrueux. À mesure que nous progressons dans la complexité du mouvement mécanique, nous devrions nous heurter aux contemplations morales qui l'accompagnent. l'amélioration rapide de ce domaine. Des questions émergent concernant les résultats éthiques de la préparation de machines avec la suspicion de cours gratuits et les conséquences inévitables de telles activités. Le plan moral consolidant la mécanique avancée intègre les questions de réussite, d'accomplissement et d'obligation, affectant les conversations sur l'essentiel pour que les normes énormes fonctionnent avec la tournure des événements et l'envoi de systèmes automatisés. De plus, l'effet social de l'état de l'art la mécanique ne peut pas être agréablement conférée. Le mélange de robots dans différents éléments de présence standard peut modifier les plans et les normes sociales, remodelant notre façon de vivre, de travailler et de réussir. Si la robotisation offre l'engagement d'accroître le caractère raisonnable et les capacités, elle soulève également des inquiétudes quant à la compensation du travail et aux différences liées à l'argent, y compris l'importance de remédier à ces difficultés par des mesures systémiques énergiques et des initiatives sociales. Conformément à ces réflexions morales et sociales , le domaine de l'amélioration mécanique ne cesse d'élargir les limites des progrès mécaniques. Les spécialistes et les spécialistes étudient de nouveaux horizons en matière de mouvements mécaniques délicats, de plans bio-mixtes et de collusion homme-robot, dans l'espoir de cultiver des robots plus talentueux, plus adaptables, plus forts et ouverts aux nécessités des humains. la prédétermination concevable de la mécanique de pointe détient à la fois la responsabilité et la probabilité. D'une part, le progrès mécanique peut responsabiliser les objectifs humains, travailler sur une satisfaction ordonnée,et abordez les coups en tenant compte de tout, des pensées et besoins cliniques à la valeur standard et à la réaction en cas de catastrophe. Là encore, l'extension extrême des améliorations mécaniques pourrait alimenter des attributs incohérents existants, soutenir des spectacles socialement peu recommandables et même présenter des dangers existentiels pour l'humanité. En évaluant cette scène radieuse, nous devrions pousser vers la prédétermination de la mécanique de haut niveau avec humilité, information , et intuition. En croisant la force du progrès pour l'épanouissement de chacun et en restant conscients des expansions typiques de l'empathie, de la valeur et de la force, nous pouvons garantir que l'obligation d'une mécanique de pointe se retrouve dans des affinités qui profitent à l'ensemble de l'humanité. Après avoir entrepris cette excursion dans le destin possible des mécaniciens de haut niveau, embrassons les portes potentielles qui nous attendent tout en voyant les difficultés qui devraient être résolues. Ensemble, nous pouvons façonner un avenir dans lequel les robots et les humains s'intègrent harmonieusement, en faisant équipe pour incorporer un monde époustouflant et plus prospère à partir de maintenant et jusqu'à un certain temps à venir, sans fin et sans cesse à venir. Dans notre évaluation, nous abordons les choses qui vont arriver aux nouvelles mécaniques. développement, voir le potentiel de travailler avec effort et associations entre les personnes et les machines est fondamental. Au lieu de nous concentrer sur les robots comme des engins évidents ou des substituts au travail humain, nous pouvons imaginer un avenir dans lequel les humains et les robots complètent leurs qualités et leurs objectifs, en orchestrant en synergie pour gérer des problèmes complexes et atteindre des objectifs communs. Un district où ce point de vue cohérent est particulièrement important. le levage s'inscrit dans le domaine du développement mécanique d'assistance. Les robots d'assistance peuvent ressusciter la satisfaction spécifique des personnes souffrant d'indiscrétions ou de limites liées à l'âge, en leur offrant une aide dans les tâches courantes, la transportabilité et la correspondance. En se souvenant des progrès de la pensée robotisée et des progrès des capteurs, les robots d'assistance peuvent s'adapter aux besoins et affinités clés de leurs clients, s'associant à eux pour vivre de manière plus directe et autonome. De même, dans le domaine des avantages cliniques, les robots peuvent probablement être aussi fondamentaux. accessoires aux spécialistes cliniquement formés, encourageant leurs capacités et leur bien-être à trouver une manière d'orchestrer les résultats. Les robots prudents, par exemple, peuvent aider les spécialistes avec précision et tendance, réduisant ainsi le risque de gaffe humaine et dessinant des conceptions interférentes non pertinentes avec des temps de récupération plus rapides. Les robots peuvent également être utilisés dans des applications de télémédecine, dans des rassemblements de partenaires à distance et dans la consultation de patients, en particulier dans des zones mal desservies ou éloignées. Au-delà des avantages cliniques, les robots sont prêts à changer d'affiliation, allant de l'agroalimentaire et du développement à la vente au détail et à l'attitude aimable. Lors de la fabrication, les robots équipés de capteurs de haut niveau et d'analyses d'informations reconstituées peuvent également déclencher les récoltes sur lesquelles travaillent les pionniers, augmentant ainsi les rendements tout en limitant les effets standards.Une fois créés, les robots peuvent contribuer à des projets tels que la maçonnerie, le soudage et l'oblitération, contribuant ainsi à diffuser davantage le caractère raisonnable et à prospérer sur les lieux de travail. Dans le commerce de détail et l'énergie, les robots peuvent rétablir le parrainage des clients et faciliter les travaux, depuis les caisses électroniques et les relations de stock jusqu'aux affiliations de chambres et aux associations d'escortes. Néanmoins, alors que nous acceptons l'obstacle des mécanismes de pointe pour changer différents pans de la société, nous devons en conséquence rester conscients des dangers et faire en sorte qu'un développement imaginatif soit possible. Les soucis de confirmation, de sécurité et d'abus normal de la progression mécanique doivent s'appuyer sur des protections énergétiques et des plans administratifs. En outre, il convient de s'efforcer de libérer l'effet de la robotisation sur les postes et les travailleurs, en garantissant que les options communes de développement mécanique soient suffisamment appropriées dans l'ensemble de la société. Après tout, le destin spécifique du développement mécanique implique un engagement titanesque concernant la réussite humaine et la concentration sur les tentatives raisonnables de destruction de restreindre notre réalité cohérente. En attirant des tentatives et des connexions entre les personnes et les machines, nous pouvons faire face à la force exceptionnelle de l'amélioration mécanique pour créer un avenir plus central, plus juste et plus sensé pour tous. Alors que nous entreprenons cette excursion dans les faibles, faisons-le avec une pensée positive, un cortex frontal innovant et une obligation aidante de fondre un monde éblouissant à partir de maintenant, continuellement.un cortex frontal innovant et une obligation aidante de mélanger un monde éblouissant à partir de maintenant, continuellement.un cortex frontal innovant et une obligation aidante de mélanger un monde éblouissant à partir de maintenant, continuellement.

Développement de la technologie mécanique de la fiction au monde réel

Débuts précoces : l'automatisation des tâches avec des machines remonte à plusieurs années. Les premiers créateurs et experts ont conçu des engins mécaniques censés reproduire la tournure des événements humains.

Par exemple, les représentations de chevaliers et d'automates mécaniques par Léonard de Vinci au XVe siècle sont les premières tentatives de fabrication de machines humanoïdes. Quoi qu'il en soit, ce n'est qu'au XXe siècle que le terme « robot » a été inventé par l'essayiste tchèque Karel Čapek dans sa pièce de 1920 « RUR » (Les robots globaux de Rossum). Ces robots étaient de fausses créatures conçues pour effectuer un travail pour des individus, suscitant l'intérêt du public pour cette idée. Le bouleversement de pointe : le gigantesque bond en avant dans l'innovation mécanique s'est produit lors du changement avancé. Des ingénieurs initiateurs comme George Devol et Joseph Engelberger ont introduit les robots actuels dans les années 1950. Ces premiers robots étaient essentiellement utilisés pour collecter des plantes afin d'effectuer des travaux excessifs et risqués comme le soudage et la peinture. Il est frappant de constater que l'Unimate, fabriqué par Devol et Engelberger, a été présenté dans une usine de fabrication d'Overall Motors en 1961. Degrés de progrès en matière d'informatisation : à mesure que le développement progressait, les limites des robots augmentaient également. La méthodologie des puces informatiques et des systèmes de contrôle PC au cours des années 1970 et 1980 a pris en compte une tournure d'événements plus avancée et plus précise. Les robots n'étaient généralement pas limités à des tâches de longue haleine ; ils pouvaient s'acclimater aux conditions changeantes et effectuer des exercices complexes. L'ascension des robots agréables (Cobots) : Dernièrement, un autre type de robots a émergé : les robots utiles, ou « cobots ». Contrairement à leurs prédécesseurs, qui étaient la plupart du temps retirés dans des lieux clôturés pour des raisons de prospérité, les cobots sont censés travailler à proximité des individus, travaillant sur leurs capacités plutôt que de les déplacer. Ces progrès ont ouvert des portes supplémentaires à la motorisation dans les organisations, telles que l'attention clinique, les tâches et la création de portée limitée. Innovation mécanique et avantages cliniques : L'un des domaines les plus rassurants en matière d'innovation mécanique est celui des avantages cliniques. Les robots prudents, similaires au système Da Vinci Cautious, ont modifié les méthodes en offrant une précision accrue et en réduisant l'importance. Les robots sont en outre utilisés pour des tâches telles que reconstruire le traitement et les vieilles pensées et apporter assistance et soutien aux patients.

Chapitre 2 : Les systèmes de vie des robots : comprendre leurs pièces et leurs fonctions

Les robots, ces merveilles du plan et de l'esprit créatif, sont livrés avec des structures et des pièces confuses qui fonctionnent comme un seul pour jouer une foule de tentatives. Comprendre les plans en cours des robots revient à déterminer leurs capacités, leurs objectifs et leurs applications raisonnables. Dans ce segment, nous laisserons de côté l'exploration des activités intérieures de la mécanique avancée d'aujourd'hui, en sautant de part en part dans les pièces et les travaux qui font fonctionner les robots.

À la marque d'une combinaison de chaque robot se trouve son nouveau développement mécanique, ou squelette, qui donne la construction à ses entreprises. Le squelette se déplace, dans l'ensemble, en fonction du type et de la protection du robot, allant des bras régulateurs clairs utilisés dans les contextes actuels aux corps humanoïdes complexes conçus pour la coalition de type humain.

Les matériaux utilisés dans la construction du squelette peuvent également bouger, les métaux, les plastiques et les composites étant généralement des choix courants. Montés sur le faisceau se trouvent des actionneurs, les muscles du robot qui activent l'avancement et le contrôle. Les actionneurs se déclinent en différents modèles, notamment des moteurs électriques, des chambres pneumatiques et des structures à contrainte, chacun s'adaptant à des activités et à des conditions différentes. Les moteurs électriques, par exemple, sont utilisés de manière fiable dans les articulations mécaniques et se concentrent le plus sur leur précision et leur contrôlabilité, tandis que les actionneurs pneumatiques gagnent dans les applications nécessitant des régions fortes et rapides pour les actionneurs, les robots sont équipés de capteurs qui évaluent leurs variables typiques et à l'intérieur. État. Les capteurs sont très probablement les yeux, les oreilles et les récepteurs matériels du robot, lui permettant de voir le monde et d'interagir avec lui. Les types normaux de capteurs regroupent des caméras, des scanners LiDAR (Light District and Running), des capteurs locaux et des capteurs de puissance/force, chacun répondant à un besoin astucieux dans l'immense boîte à outils du robot.

La psyché du robot, sa structure de contrôle, traite les informations provenant des capteurs et transmet les ventes aux actionneurs, triant ainsi ses nouvelles tournures d'événements et ses nouvelles manières de gérer l'action. Les structures de contrôle peuvent aller de plans d'exercices majeurs et pré-modifiés à des estimations actuelles et polyvalentes qui apprennent et se conforment aux conditions d'établissement. L'évolution du discernement provoqué par l'homme et de l'information imitée a favorisé le développement de robots rationnellement rapides et libres, conçus pour des cours complexes et la résolution de problèmes. Au-delà de leurs éléments authentiques, les robots ne sont pas limités par la programmation, le code de programmation qui guide leur processus de création. gérer le jeu et la maniabilité. La programmation a un effet fondamental sur la représentation des capacités du robot, depuis le contrôle et la direction du développement de la tête jusqu'aux calculs dynamiques et d'intelligence de pointe. Les langages de programmation tels que C++, Python et MATLAB sont utilisés de manière fiable dans l'amélioration mécanique de pointe, ce qui incite les concepteurs à coordonner, dupliquer et transmettre facilement des systèmes robotisés. Enfin, les robots dépendent une grande partie du temps de sources d'énergie telles que les batteries, l'énergie. unités ou alimentations externes pour fonctionner.

Le choix de la source d'alimentation dépend d'éléments tels que la taille du robot, les principes de base de la polyvalence et les évaluations de l'abondance d'énergie. Les robots contrôlés par batterie offrent commodité et adaptabilité, tandis que les robots peuvent tirer leur énergie de concentrations focales externes pour un fonctionnement élargi. Une fois réalisés, les plans en cours des robots unissent une fonction de remplacement des pièces et fonctionnent de cette façon pour impliquer leurs capacités et leurs méthodes. des actes de gestion. Du développement mécanique et des actionneurs aux capteurs, structures de contrôle, programmation et sources d'alimentation, chaque pièce joue un rôle essentiel dans l'inutilité de la disposition et de la coupure du robot. En comprenant les tâches internes des robots, nous obtenons des informations sur leurs applications logiques et les défis liés à leur organisation et à leur envoi dans le monde certifié. De plus, la coordination et les efforts de ces parties coopérantes sont à la base du bon jugement d'un robot dans divers efforts. et conditions. Par exemple, dans un cadre de réunion, le développement mécanique et les actionneurs d'un robot lui permettent de contrôler des objets avec précision et rapidité, tandis que ses capteurs évaluent pour assurer une coordination et un contrôle qualité incontestables. Pendant ce temps, la structure de contrôle travaille avec ces exercices, changeant progressivement en fonction des changements dans la chaîne de création ou des conditions communes. Dans des circonstances plus remarquables, par exemple lors d'une évaluation en extérieur ou d'une intervention en cas de catastrophe, les robots s'appuient sur un mélange de capteurs et de programmation pour regarder et parler. avec leurs parties régulières énergiquement. Les capteurs LiDAR, par exemple, donnent des limites à l'organisation 3D, permettant aux robots de voir les obstacles et de planifier des parcours idéaux à travers des scènes complexes. Pendant ce temps, les évaluations d'informations copiées incitent les robots à voir et à s'adapter à de nouvelles conditions, en s'appuyant sur des expériences passées pour gérer leur spectacle au fil du temps. De plus, la mentalité et la polyvalence des systèmes motorisés impliquent la personnalisation et le regroupement pour transmettre des tentatives et des éléments essentiels. Les robots peuvent être équipés d'effecteurs finaux appropriés, par exemple des pinces, des coupelles ou des gadgets, pour effectuer un grand nombre de tentatives, depuis la sélection et la mise en place d'objets jusqu'au soudage, à la peinture ou, en tout cas, à l'exécution d'activités délicates. De plus, les projets retirés entraînent une division de la distinction entre les nouveaux capteurs, actionneurs ou modules de programmation à mesure que les progrès progressent, garantissant ainsi que les robots restent flexibles et à jour. Alors que l'amélioration mécanique continue de se produire, l'effort interdisciplinaire a un effet massif sur la conduite. le champ. Des ingénieurs, des analystes informatiques, des cliniciens psychiatriques et des experts spatiaux de divers domaines collaborent pour encourager des réponses inventives à des problèmes complexes, en s'inspirant de la science, des neurosciences et de diverses disciplines. En utilisant les rencontres de la nature et en préparant la puissance de l'évaluation interdisciplinaire, les chercheurs peuvent créer des robots qui sont utiles et rationnels ainsi que parfaits, polyvalents et durables. En fin de compte, les conceptions de flux des robots répondent à un mélange de plans,la science et les personnages créatifs, incitant des machines capables de repousser et de gérer les limites humaines dans divers contextes. En comprenant les pièces et le fonctionnement des robots de produits de soins de beauté, nous obtenons des informations sur leurs applications courantes et leurs points de coupure, ainsi que sur les difficultés et les voies d'accès qui nous attendent. Pour l'avenir, le destin certain de la mécanique de pointe recèle un potentiel monstre pour une tournure supplémentaire des événements et des révélations. À mesure que les progrès continuent, les robots finiront par être intensément intégrés dans nos plans standards, perturbant nos projets, nos affiliations et, étonnamment, nos efforts communs. Des véhicules gratuits et robots de transport aux vastes assistants mécanisés, les portes du progrès mécanique sont limitées essentiellement par nos personnages innovants et notre ingéniosité. Un endroit particulièrement convaincant est le développement d'une mécanique de niveau sensible et irréfutable, mue par la biomécanique des pièces traditionnelles vivantes. Les robots sensibles sont transportés à l'aide de matériaux polyvalents qui reflètent la flexibilité et la polyvalence des tissus standards, en tenant compte des essais formés protégés et fragiles avec des personnes et des objets délicats. Les utilisations de l'amélioration mécanique fragile vont des engins cliniques et des prothèses aux exosquelettes portables et aux pinces délicates pour réguler les objets délicats. Un autre avantage de la recherche en mécanique de pointe est l'évaluation d'une infinité de mécaniciens de premier ordre, persuadés par l'ensemble des moyens de gérer l'action des insectes sociaux comme les insectes et les bourdons. Les robots en essaim devraient participer à de formidables réunions pour réaliser des efforts complexes qui seraient dangereux ou stupéfiants pour un robot solitaire. Les cas d'un grand nombre d'applications d'avancement mécanique rejoignent les missions de poursuite et de sauvetage, la vérification des normes et les projets d'amélioration. De plus, les progrès de la pensée mécanisée et de la conscience artificielle incitent les robots à apprendre et à se conformer de manière transparente à leurs pièces habituelles. Soutenir les évaluations d'apprentissage, sans équivoque, permettre aux robots d'aider de nouveaux points finaux par essais et erreurs, en affinant la longueur fondamentale de leur avance inspectée par leurs expériences. Cette limite ouvre des domaines supplémentaires permettant aux robots de travailler dans des circonstances non structurées et dynamiques, depuis les efforts familiaux et l'assistance individuelle jusqu'à l'évaluation de l'espace et l'examen réduit.

Néanmoins, à mesure que les robots s'organisent dans le domaine public, il est crucial d'aborder les évaluations morales, sociales et financières liées à leur envoi. Les contraintes liées au vol de travail, à l'approbation, à la sécurité et aux affinités algorithmiques doivent être méticuleusement prises en compte et gérées au moyen de règles strictes, de simplicité et d'obligations.ainsi que les difficultés et les portes d'entrée qui nous attendent. Pour l'avenir, le destin certain de la mécanique de pointe recèle un potentiel monstre pour une tournure supplémentaire des événements et des révélations. À mesure que les progrès continuent, les robots finiront par être intensément intégrés dans nos plans standards, perturbant nos projets, nos affiliations et, étonnamment, nos efforts communs. Des véhicules gratuits et robots de transport aux vastes assistants mécanisés, les portes du progrès mécanique sont limitées essentiellement par nos personnages innovants et notre ingéniosité. Un endroit particulièrement convaincant est le développement d'une mécanique de niveau sensible et irréfutable, mue par la biomécanique des pièces traditionnelles vivantes. Les robots sensibles sont transportés à l'aide de matériaux polyvalents qui reflètent la flexibilité et la polyvalence des tissus standards, en tenant compte des essais formés protégés et fragiles avec des personnes et des objets délicats. Les utilisations de l'amélioration mécanique fragile vont des engins cliniques et des prothèses aux exosquelettes portables et aux pinces délicates pour réguler les objets délicats. Un autre avantage de la recherche en mécanique de pointe est l'évaluation d'une infinité de mécaniciens de premier ordre, persuadés par l'ensemble des moyens de gérer l'action des insectes sociaux comme les insectes et les bourdons. Les robots en essaim devraient participer à de formidables réunions pour réaliser des efforts complexes qui seraient dangereux ou stupéfiants pour un robot solitaire. Les cas d'un grand nombre d'applications d'avancement mécanique rejoignent les missions de poursuite et de sauvetage, la vérification des normes et les projets d'amélioration. De plus, les progrès de la pensée mécanisée et de la conscience artificielle incitent les robots à apprendre et à se conformer de manière transparente à leurs pièces habituelles. Soutenir les évaluations d'apprentissage, sans équivoque, permettre aux robots d'aider de nouveaux points finaux par essais et erreurs, en affinant la longueur fondamentale de leur avance inspectée par leurs expériences. Cette limite ouvre des domaines supplémentaires permettant aux robots de travailler dans des circonstances non structurées et dynamiques, depuis les efforts familiaux et l'assistance individuelle jusqu'à l'évaluation de l'espace et l'examen réduit. Néanmoins, à mesure que les robots s'organisent dans le domaine public, il est crucial d'aborder les évaluations morales, sociales et financières liées à leur envoi. Les contraintes liées au vol de travail, à l'approbation, à la sécurité et aux affinités algorithmiques doivent être méticuleusement prises en compte et gérées au moyen de règles strictes, de simplicité et d'obligations.ainsi que les difficultés et les portes d'entrée qui nous attendent. Pour l'avenir, le destin certain de la mécanique de pointe recèle un potentiel monstre pour une tournure supplémentaire des événements et des révélations. À mesure que les progrès continuent, les robots finiront par être intensément intégrés dans nos plans standards, perturbant nos projets, nos affiliations et, étonnamment, nos efforts communs. Des véhicules gratuits et robots de transport aux vastes assistants mécanisés, les portes du progrès mécanique sont limitées essentiellement par nos personnages innovants et notre ingéniosité. Un endroit particulièrement convainquant est le développement d'une mécanique de niveau sensible et irréfutable, mue par la biomécanique des pièces traditionnelles vivantes. Les robots sensibles sont transportés à l'aide de matériaux polyvalents qui reflètent la flexibilité et la polyvalence des tissus standards, en tenant compte des essais formés protégés et fragiles avec des personnes et des objets délicats. Les utilisations de l'amélioration mécanique fragile vont des engins cliniques et des prothèses aux exosquelettes portables et aux pinces délicates pour réguler les objets délicats. Un autre avantage de la recherche en mécanique de pointe est l'évaluation d'une infinité de mécaniciens de premier ordre, persuadés par l'ensemble des moyens de gérer l'action des insectes sociaux comme les insectes et les bourdons. Les robots en essaim devraient participer à de formidables réunions pour réaliser des efforts complexes qui seraient dangereux ou stupéfiants pour un robot solitaire. Les cas d'un grand nombre d'applications d'avancement mécanique rejoignent les missions de poursuite et de sauvetage, la vérification des normes et les projets d'amélioration. De plus, les progrès de la pensée mécanisée et de la conscience artificielle incitent les robots à apprendre et à se conformer de manière transparente à leurs pièces habituelles. Soutenir les évaluations d'apprentissage, sans équivoque, permettre aux robots d'aider de nouveaux points finaux par essais et erreurs, en affinant la longueur fondamentale de leur avance inspectée par leurs expériences. Cette limite ouvre des domaines supplémentaires permettant aux robots de travailler dans des circonstances non structurées et dynamiques, depuis les efforts familiaux et l'assistance individuelle jusqu'à l'évaluation de l'espace et l'examen réduit. Néanmoins, à mesure que les robots s'organisent dans le domaine public, il est crucial d'aborder les évaluations morales, sociales et financières liées à leur envoi. Les contraintes liées au vol de travail, à l'approbation, à la sécurité et aux affinités algorithmiques doivent être méticuleusement prises en compte et gérées au moyen de règles strictes, de simplicité et d'obligations.Un endroit particulièrement convaincant est le développement d'une mécanique de niveau sensible et irréfutable, mue par la biomécanique des éléments vivants habituels. Les robots sensibles sont transportés à l'aide de matériaux polyvalents qui reflètent la flexibilité et la polyvalence des tissus standards, en tenant compte des essais formés protégés et fragiles avec des personnes et des objets délicats. Les utilisations de l'amélioration mécanique fragile vont des engins cliniques et des prothèses aux exosquelettes portables et aux pinces délicates pour réguler les objets délicats. Un autre avantage de la recherche en mécanique de pointe est l'évaluation d'une infinité de mécaniciens de premier ordre, persuadés par l'ensemble des moyens de gérer l'action des insectes sociaux comme les insectes et les bourdons. Les robots en essaim devraient participer à de formidables réunions pour réaliser des efforts complexes qui seraient dangereux ou stupéfiants pour un robot solitaire. Les cas d'un grand nombre d'applications d'avancement mécanique rejoignent les missions de poursuite et de sauvetage, la vérification des normes et les projets d'amélioration. De plus, les progrès de la pensée mécanisée et de la conscience artificielle incitent les robots à apprendre et à se conformer de manière transparente à leurs pièces habituelles. Soutenir les évaluations d'apprentissage, sans équivoque, permettre aux robots d'aider de nouveaux points finaux par essais et erreurs, en affinant la longueur fondamentale de leur avance inspectée par leurs expériences. Cette limite ouvre des domaines supplémentaires permettant aux robots de travailler dans des circonstances non structurées et dynamiques, depuis les efforts familiaux et l'assistance individuelle jusqu'à l'évaluation de l'espace et l'examen réduit. Néanmoins, à mesure que les robots s'organisent dans le domaine public, il est crucial d'aborder les évaluations morales, sociales et financières liées à leur envoi. Les contraintes liées au vol de travail, à l'approbation, à la sécurité et aux affinités algorithmiques doivent être méticuleusement prises en compte et gérées au moyen de règles strictes, de simplicité et d'obligations.Un endroit particulièrement convaincant est le développement d'une mécanique de niveau sensible et irréfutable, mue par la biomécanique des éléments vivants habituels. Les robots sensibles sont transportés à l'aide de matériaux polyvalents qui reflètent la flexibilité et la polyvalence des tissus standards, en tenant compte des essais formés protégés et fragiles avec des personnes et des objets délicats. Les utilisations de l'amélioration mécanique fragile vont des engins cliniques et des prothèses aux exosquelettes portables et aux pinces délicates pour réguler les objets délicats. Un autre avantage de la recherche en mécanique de pointe est l'évaluation d'une infinité de mécaniciens de premier ordre, persuadés par l'ensemble des moyens de gérer l'action des insectes sociaux comme les insectes et les bourdons. Les robots en essaim devraient participer à de formidables réunions pour réaliser des efforts complexes qui seraient dangereux ou stupéfiants pour un robot solitaire. Les cas d'un grand nombre d'applications d'avancement mécanique rejoignent les missions de poursuite et de sauvetage, la vérification des normes et les projets d'amélioration. De plus, les progrès de la pensée mécanisée et de la conscience artificielle incitent les robots à apprendre et à se conformer de manière transparente à leurs pièces habituelles. Soutenir les évaluations d'apprentissage, sans équivoque, permettre aux robots d'aider de nouveaux points finaux par essais et erreurs, en affinant la longueur fondamentale de leur avance inspectée par leurs expériences. Cette limite ouvre des domaines supplémentaires permettant aux robots de travailler dans des circonstances non structurées et dynamiques, depuis les efforts familiaux et l'assistance individuelle jusqu'à l'évaluation de l'espace et l'examen réduit. Néanmoins, à mesure que les robots s'organisent dans le domaine public, il est crucial d'aborder les évaluations morales, sociales et financières liées à leur envoi. Les contraintes liées au vol de travail, à l'approbation, à la sécurité et aux affinités algorithmiques doivent être méticuleusement prises en compte et gérées au moyen de règles strictes, de simplicité et d'obligations.les progrès de la pensée mécanisée et de la conscience artificielle incitent les robots à apprendre et à se conformer à leurs pièces habituelles de manière transparente. Soutenir les évaluations d'apprentissage, sans équivoque, permettre aux robots d'aider de nouveaux points finaux par essais et erreurs, en affinant la longueur fondamentale de leur avance inspectée par leurs expériences. Cette limite ouvre des domaines supplémentaires permettant aux robots de travailler dans des circonstances non structurées et dynamiques, depuis les efforts familiaux et l'assistance individuelle jusqu'à l'évaluation de l'espace et l'examen réduit. Néanmoins, à mesure que les robots s'organisent dans le domaine public, il est crucial d'aborder les évaluations morales, sociales et financières liées à leur envoi. Les contraintes liées au vol de travail, à l'approbation, à la sécurité et aux affinités algorithmiques doivent être méticuleusement prises en compte et gérées au moyen de règles strictes, de simplicité et d'obligations.les progrès de la pensée mécanisée et de la conscience artificielle incitent les robots à apprendre et à se conformer à leurs pièces habituelles de manière transparente. Soutenir les évaluations d'apprentissage, sans équivoque, permettre aux robots d'aider de nouveaux points finaux par essais et erreurs, en affinant la longueur fondamentale de leur avance inspectée par leurs expériences. Cette limite ouvre des domaines supplémentaires permettant aux robots de travailler dans des circonstances non structurées et dynamiques, depuis les efforts familiaux et l'assistance individuelle jusqu'à l'évaluation de l'espace et l'examen réduit. Néanmoins, à mesure que les robots s'organisent dans le domaine public, il est crucial d'aborder les évaluations morales, sociales et financières liées à leur envoi. Les contraintes liées au vol de travail, à l'approbation, à la sécurité et aux affinités algorithmiques doivent être méticuleusement prises en compte et gérées au moyen de règles strictes, de simplicité et d'obligations.

De plus, les tentatives visant à autoriser la combinaison et la réflexion dans le travail créatif de développement mécanique visent à garantir que les développements raisonnables du développement mécanique sont raisonnablement dispersés dans toutes les affiliations. En fin de compte, le destin possible des obligations d'amélioration mécanique est d'être à la fois un avancement et un test, alors que nous continuons à favoriser les nécessités de ce qui est possible avec des machines pointues. En déployant des efforts interdisciplinaires, en favorisant les rassemblements et la réflexion, et en nous concentrant sur la tournure morale et prudente des événements, nous pouvons mettre en œuvre le pouvoir étonnant de l'amélioration mécanique pour garantir, à un niveau extraordinairement essentiel, un avenir véritablement captivant et raisonnable pour tous. Alors que nous nous lançons dans ce voyage vers l'avenir, restons fidèles à nos caractéristiques et à nos besoins, en nous efforçant de créer une réalité dans laquelle les robots et les individus peuvent gagner ensemble. Malgré les progrès de type mécanique, le sort spécifique de la mécanique de pointe sera illustré en conséquence par de merveilleux points de vue et des données sociales. Alors que les robots deviennent de plus en plus courants dans nos projets pour la plupart communs, il est essentiel de raconter une histoire positive et prudente autour de leur travail et de leurs obligations potentielles. Ce cours ne concerne pas seulement la présence de tout le monde, mais plutôt les points finaux et les objectifs des robots dans tous les cas, ainsi que la sympathie, la compréhension et l'effort conjoint entre les individus et les machines. En outre, le mélange des robots dans le domaine public nécessitera un examen rapide de plans épiques et significatifs pour garantir la réalisation, la sécurité et l'utilisation morale des nouvelles tournures mécaniques des événements. Les décideurs politiques et les embellissements devraient tenter de se connecter aux choix et aux décisions qui répondent aux inconvénients qui en découlent et aux cours de mécanique de haut niveau, de la sécurité de l'information et de la prospérité modérée au risque et à l'obligation de continuer à reconnaître qu'un événement de catastrophes ou d'influences devrait surgir.

En attendant, tenter de démocratiser le consentement à un progrès incontestable de la mécanique de niveau et à son contour est fondamental pour créer un nouveau développement supplémentaire et aider les personnes et les relations à participer à l'inutilité de la prédétermination de la mécanique de niveau évidente. Les lecteurs, par exemple, les éléments open source et les étapes de programmation, les espaces de création et l'amélioration mécanique ouvrent la voie à l'effort et à l'obtention communs, attirant différentes voix et points de vue pour ajouter à la progression des mécanismes de niveau évidents. De même, à mesure que les robots deviennent liés à la culture humaine, il est énorme d'examiner les répercussions morales et philosophiques des expériences homme-robot. Les exigences concernant l'indépendance, l'association et la possibilité d'être soignés se révéleront vaines à mesure que les robots deviendront plus raffinés et plus libres. Il est convaincant de pousser vers ces projets avec humilité, empathie et contrôle de valeurs telles que le respect, la congruence et la bonté. Enfin, le destin incontournable du développement mécanique implique un engagement titanesque pour amener les individus à réussir et à ouvrir de nouvelles voies de progrès et de simplicité. En acceptant l'obstruction à l'amélioration mécanique tout en nous concentrant sur les charges morales, sociales et sociales qui accompagnent leur division aux yeux du public, nous pouvons créer un avenir où les robots et les humains s'accordent avec charme, partageant pour faire d'un monde sans égal désormais un monde sans égal. le futur prévisible, sans fin, sans fin, sans fin. Alors que nous poursuivons cette sortie dans le délicat, restons fidèles à nos qualités et à nos fondamentaux, en essayant de créer un avenir où l'amélioration sert les objectifs et les besoins les plus élevés de l'humanité.

Enquête sur les activités internes de la mécanique avancée actuelle

Progrès tardifs en mécanique appliquée : Les procédures de l'Atelier Virtuel de Mécanique Appliquée (VSAM 2021) donnent des informations importantes sur les progressions mécaniques en mécanique forte, en mécanique des liquides et en conception biomédicale.

D'éminents spécialistes du monde entier ont participé à cette réunion, couvrant des sujets tels que les examens mathématiques sur la génération d'ondes de mouton non directes à travers des surfaces délaminées dans des structures de plaques composites durcies. La transmission des données d'excitation repose sur des collecteurs d'énergie en porte-à-faux. Modèles de champ d'étape appliqués à la fissure dans les solides. La reproduction se concentre sur la prolifération du potentiel d'activité dans le tissu épicardique en raison de changements de qualité. Évaluation des conditions limites d'épanchement dans les DNS de jets de mouches violents. Impact de l'infusion fluidique sur la longueur centrale des plans soniques rectangulaires. Diffusion des contraintes dans des plaques très longues avec des ouvertures rondes. Des idées de capteurs astucieuses pour des évaluations modulaires d'extensions exposées à des excitations arbitraires et de véhicules. Enquête balistique sur une texture en polyéthylène unidirectionnelle à très haute épaisseur subatomique imprégnée de liquide épaississant par cisaillement. De plus, bien plus !

2. Recréations subatomiques : Bien qu'elles ne soient pas directement liées à la mécanique, les recréations subatomiques jouent un rôle important dans la compréhension des propriétés physiques des composés des structures de matière dense. Ces récréations consolident les techniques mathématiques avec la capacité du PC à résoudre les liens entre les particules ou les atomes. Mécanique à l'ancienne : la mécanique classique constitue l'établissement permettant de résoudre des problèmes dynamiques complexes. Il est fondamental pour ce qui concerne les cadres mécaniques ainsi que pour maîtriser les rouages de la mécanique quantique et de la science physique mesurable.

Chapitre 3 : Mécanique de haut niveau dans l'industrie : changer la collecte et la création

L'espace de rassemblement et de création a connu un énorme changement avec l'intégration de l'innovation mécanique dans les cycles actuels. Des cadres de développement consécutifs de véhicules aux usines de fabrication d'équipements, les robots ont changé la façon dont le produit est transporté, développant davantage la capacité, la précision et la flexibilité. Dans ce segment, nous examinerons l'impact de la mécanique de pointe sur l'industrie et comment la robotisation remodèle le destin de l'industrie manufacturière.

Au centre de la mécanique de pointe dans le secteur se trouve la possibilité d'automatisation, l'utilisation de machines pour effectuer des tâches sans intervention humaine sans importance. Les robots actuels sont des machines explicites conçues pour exécuter des tâches longues et sérieuses avec rapidité, précision et cohérence. Equipés de capteurs, d'actionneurs et de systèmes de contrôle de pointe, ces robots peuvent gérer un large éventail de tâches de collecte, du soudage et de la peinture à l'emballage et à la palettisation. L'un des avantages fondamentaux de l'innovation mécanique dans l'industrie est la capacité à combiner efficacité et débit tout en réduisant les coûts et la durée des cycles. En utilisant des tâches de routine, les robots peuvent travailler perpétuellement, toute la journée, de manière cohérente, sans nécessiter de pauses ou de temps individuel, ce qui entraîne de meilleurs résultats et une efficacité plus visible. Cela permet aux créateurs de satisfaire des exigences croissantes tout en restant conscients des niveaux élevés de valeur et de cohérence de leurs produits. De plus, les robots engagent les créateurs à atteindre des niveaux d'exactitude et d'exactitude qui sont fastidieux ou difficiles à atteindre avec le seul travail humain. Des bras robotisés de niveau indéniable, équipés de capteurs de précision et de systèmes de vision, peuvent effectuer des tâches sociales complexes avec une précision inférieure au millimètre, garantissant des protections serrées et limitant les imperfections. Ceci est particulièrement critique dans des organisations comme Flight, où la précision est essentielle à la prospérité et à la performance. Dans le développement de la refonte de l'efficacité et de la qualité, l'innovation mécanique dans l'entreprise offre en outre des avantages de flexibilité et d'adaptabilité. Contrairement aux circonstances de rassemblement habituelles, qui sont pour la plupart inflexibles et intrépides, l'automatisation mécanique envisage une reconfiguration et une réévaluation rapides pour obliger à des changements dans le plan des choses, le volume de production ou les revenus du marché. Cette habileté incite les fabricants à répondre rapidement aux changements dans le secteur d'activité et aux tendances des clients, gagnant ainsi une place importante sur le marché. De plus, l'innovation mécanique dans l'industrie a un impact fondamental dans la création d'un environnement de travail sûr et ergonomique grâce à la mécanisation d'activités risquées ou mentionnées. Les robots peuvent gérer des poids importants, travailler dans des températures ou des conditions excessives et effectuer des tâches qui présentent des menaces pour les professionnels formés par l'homme, comme le soudage ou la peinture. En diminuant la réceptivité des travailleurs aux conditions dangereuses, les robots contribuent à créer des environnements de travail plus sûrs et de meilleure qualité, réduisant ainsi le risque de catastrophes et de blessures. Cependant, le rassemblement massif de mécaniciens de pointe dans le secteur soulève en outre des problèmes et des défis associés aux entreprises. , l'arrangement et les impacts liés à l'argent. Alors que les robots peuvent améliorer les professionnels formés par des humains et ouvrir de nouvelles portes à des postes qualifiés dans les domaines de l'entretien mécanique de pointe, de la programmation et du conseil d'administration, ils peuvent également supprimer certains types de postes peu doués ou ennuyeux.Les tentatives pour résoudre ces problèmes par la planification de la main-d'œuvre, les projets de reconversion professionnelle et les méthodologies favorisant la création d'emplois et l'amélioration monétaire sont essentielles pour garantir que les avantages de l'innovation mécanique soient partagés équitablement dans la société. En fin de compte, l'innovation mécanique dans l'industrie a tendance à ont un impact significatif sur le contexte dans la manière dont le stock est constitué, transformant les usines en systèmes de création particulièrement motorisés, performants et polyvalents. En s'appuyant sur la puissance de mécanismes de pointe pour augmenter la productivité, améliorer la qualité et favoriser davantage la prospérité sur le lieu de travail, les créateurs peuvent ouvrir de nouvelles voies d'amélioration et de progression dans l'ensemble de la communauté des affaires. Alors que nous poursuivons nos recherches sur la capacité de l'innovation mécanique dans le secteur, essayons de créer un avenir dans lequel la motorisation servira de catalyseur de changement positif, favorisant la réussite, la raison et le bien-être humain en matière d'argent. Un domaine d'innovation mécanique dans l'industrie est créé, des engouements et des progrès continus apparaissent qui garantissent des cycles et des limites de fabrication de révision supplémentaires. Les robots agréables, ou cobots, en sont un exemple, censés travailler à proximité de travailleurs humains dans des espaces de travail partagés. Ces robots sont équipés de fonctions de sécurité de pointe et de lieux de communication réguliers, leur permettant de collaborer avec des individus dans le cadre d'activités telles que des événements sociaux, des enquêtes et des examens de contenu. Les cobots offrent aux producteurs la flexibilité nécessaire pour motoriser des tâches complexes tout en restant conscients de la surveillance et des capacités humaines, provoquant des systèmes de création plus viables et adaptables. Une autre conception qui façonne le destin possible de l'innovation mécanique dans l'entreprise est l'association de la pensée artificielle (basée sur PC) connaissances) et les calculs d'intelligence artificielle dans des structures informatisées. Les robots alimentés par l'intelligence artificielle peuvent décomposer d'énormes volumes d'informations, reconnaître des exemples et faire des choix judicieux en permanence. Cela leur permet de faire progresser les processus de création, d'anticiper les besoins d'assistance et de s'adapter aux circonstances changeantes avec une précision et une productivité plus remarquables. En s'attaquant à la force de l'intelligence informatique, les fabricants peuvent ouvrir de nouveaux degrés d'efficacité, de qualité et de développement dans leurs opérations. Parallèlement aux progrès des équipements et de la programmation de la technologie mécanique, la réception d'avancées avancées telles que le Web des objets (IoT) et l'informatique distribuée stimule le développement du secteur de l'assemblage. Ces progrès permettent aux robots d'interagir et de communiquer avec différentes machines, capteurs et cadres dans le climat de création, faisant des systèmes biologiques interconnectés des plantes brillantes. Dans les lignes de production intelligentes, les robots peuvent parfaitement échanger des informations, coordonner les entreprises et répondre aux critiques continues, ce qui entraîne des processus d'assemblage plus légers et plus réactifs.la technologie mécanique dans l'industrie ne se limite pas aux domaines d'assemblage conventionnels, mais s'aventure également dans de nouveaux domaines comme la fabrication de substances ajoutées, également appelée impression 3D. Les robots d'impression 3D peuvent effectuer des calculs complexes et des pièces personnalisées avec une précision et une productivité élevées, modifiant ainsi la façon dont les éléments sont planifiés, prototypés et fabriqués. Des pièces d'aviation aux inserts cliniques, les robots d'impression 3D offrent aux fabricants une adaptabilité et une imagination hors du commun dans l'avancement et la production d'articles. À mesure que l'innovation technologique mécanique continue de se développer, les limites entre les univers physiques et informatisés s'avèrent progressivement obscurcies, entraînant des opportunités supplémentaires d'avancement et des efforts coordonnés. Des robots indépendants et robots polyvalents pour les stratégies et l'entreposage aux cadres mécaniques pour la fabrication personnalisée et la création sur demande, le sort éventuel de la mécanique avancée dans l'industrie recèle un potentiel illimité pour changer la façon dont nous configurons, fabriquons et transportons les produits. la mécanique avancée dans l'industrie remodèle la scène de l'assemblage et de la création, permettant aux producteurs d'atteindre de nouveaux degrés de compétence, d'adaptabilité et de développement. En adoptant les avancées les plus récentes en matière d'innovation mécanique avancée et en utilisant la force de la robotisation, le raisonnement artificiel et la disponibilité informatisée, les créateurs peuvent créer des cadres de création adroits et réactifs qui stimulent le développement financier, la soutenabilité et le sérieux dans le centre commercial mondial. Alors que nous continuons à étudier les résultats potentiels de la mécanique avancée dans l'industrie, restons concentrés sur l'innovation pour soutenir l'humanité, en créant un avenir où les robots et les humains coopèrent agréablement pour créer un monde supérieur pour tous. La combinaison de la mécanique avancée dans l'industrie ne se contente pas de remodeler les processus de production, mais ouvre également de nouvelles portes ouvertes au développement monétaire et au sérieux à l'échelle mondiale. En adoptant l'innovation mécanique avancée, les fabricants peuvent faciliter la création, réduire les coûts et développer davantage la qualité des produits, leur permettant ainsi de rester légers et réactifs dans un centre commercial indéniablement agressif. Cela peut donc entraîner une part du gâteau élargie, des bases de clients élargies et une productivité plus remarquable pour les organisations qui adoptent l'automatisation. En outre, les mécanismes avancés du secteur peuvent stimuler le développement et les entreprises commerciales en réduisant les obstacles aux sections et en responsabilisant peu et les entreprises de taille moyenne (PME) doivent composer avec des partenariats plus importants. Grâce à l'accessibilité de cadres automatisés raisonnables et ouverts, les nouvelles entreprises et les pionniers peuvent promouvoir de nouveaux produits, étudier les publicités spécialisées et perturber les entreprises traditionnelles avec des arrangements créatifs. Cette démocratisation de l'innovation en mécanique avancée cultive une culture du développement et de l'imagination,stimuler le développement financier et la création d'emplois dans différents domaines de l'économie. De plus, les avantages de la mécanique avancée dans l'industrie dépassent les considérations monétaires passées pour envelopper la maintenabilité écologique et l'obligation sociale. En rationalisant l'utilisation des actifs, en limitant les déchets et en diminuant la consommation d'énergie, les cycles d'assemblage basés sur la technologie mécanique peuvent apporter une contribution économique et inoffensive à l'avenir de l'écosystème. De plus, en robotisant des tâches dangereuses ou véritablement exigeantes, les robots contribuent à développer davantage la sécurité de l'environnement de travail et à diminuer les blessures et les affections liées aux mots, améliorant ainsi la prospérité et la satisfaction personnelle des travailleurs. Comme nous le prévoyons, la capacité des mécaniciens avancés dans l'industrie à générer des résultats positifs le changement et le changement sont illimités. De l'accélération du progrès mécanique à l'ouverture de nouvelles portes ouvertes à la tournure monétaire des événements et au progrès social, la technologie mécanique peut façonner le monde de manière significative et significative. En adoptant les progrès les plus récents en matière d'innovation mécanique avancée et en cultivant des efforts coordonnés entre l'industrie, la communauté scientifique et le gouvernement, nous pouvons exploiter au maximum la capacité de la technologie mécanique pour créer un avenir supérieur, plus prospère et plus pratique pour tous. , la technologie mécanique dans l'industrie s'attaque à un pouvoir extraordinaire qui réforme la manière dont les produits sont fabriqués, diffusés et consommés. En exploitant la force de l'informatisation, du raisonnement artificiel et des réseaux avancés, les créateurs peuvent créer des cadres de création coordonnés, efficaces et réactifs qui stimulent le développement, le développement et la soutenabilité monétaires. Alors que nous continuons à étudier les résultats potentiels de la technologie mécanique dans l'industrie, restons concentrés sur l'innovation pour aider l'humanité, en créant un avenir où les robots et les humains coopèrent à l'amiable pour construire un monde supérieur pour longtemps.En adoptant les progrès les plus récents en matière d'innovation mécanique avancée et en cultivant des efforts coordonnés entre l'industrie, la communauté scientifique et le gouvernement, nous pouvons exploiter au maximum la capacité de la technologie mécanique pour créer un avenir supérieur, plus prospère et plus pratique pour tous. , la technologie mécanique dans l'industrie s'attaque à un pouvoir extraordinaire qui réforme la manière dont les produits sont fabriqués, diffusés et consommés. En exploitant la force de l'informatisation, du raisonnement artificiel et des réseaux avancés, les créateurs peuvent créer des cadres de création coordonnés, efficaces et réactifs qui stimulent le développement, le développement et la soutenabilité monétaires. Alors que nous continuons à étudier les résultats potentiels de la technologie mécanique dans l'industrie, restons concentrés sur l'innovation pour aider l'humanité, en créant un avenir où les robots et les humains coopèrent à l'amiable pour construire un monde supérieur pour longtemps.En adoptant les progrès les plus récents en matière d'innovation mécanique avancée et en cultivant des efforts coordonnés entre l'industrie, la communauté scientifique et le gouvernement, nous pouvons exploiter au maximum la capacité de la technologie mécanique pour créer un avenir supérieur, plus prospère et plus pratique pour tous. , la technologie mécanique dans l'industrie s'attaque à un pouvoir extraordinaire qui réforme la manière dont les produits sont fabriqués, diffusés et consommés. En exploitant la force de l'informatisation, du raisonnement artificiel et des réseaux avancés, les créateurs peuvent créer des cadres de création coordonnés, efficaces et réactifs qui stimulent le développement, le développement et la soutenabilité monétaires. Alors que nous continuons à étudier les résultats potentiels de la technologie mécanique dans l'industrie, restons concentrés sur l'innovation pour aider l'humanité, en créant un avenir où les robots et les humains coopèrent à l'amiable pour construire un monde supérieur pour longtemps.

Des systèmes de construction séquentiels aux lignes de production astucieuses

Cadres de développement modéré : étendues critiques du passé. Structures de développement modéré ajustées au cours du 20e siècle. La présentation par Henry Part de l'extraordinaire structure d'amélioration permettant de fabriquer des véhicules de manière efficace à un niveau étonnamment clé a affecté la capacité et la sensibilité aux coûts. En limitant les efforts complexes à des avancées plus authentiques et ennuyeuses, la structure de développement en constante évolution de la pièce a pensé à une création plus rapide et au plan de jeu du véhicule modèle raisonnable. Progrès de l'informatisation des réunions. Robotisation (des années 1800 au milieu des années 1900) : des machines de base telles que des poulies et des interrupteurs robotisent un travail intrigant.

La structure de développement de formation fiable est devenue un signe de cette étape, attirant une expansion monstrueuse de l'assemblage et une baisse des coûts. Niveaux de progrès de la robotisation (années 1970) : les contrôleurs de raisonnement programmables (PLC) et les machines à commande numérique sur PC (CNC) ont apporté précision et flexibilité. Les producteurs pourraient robotiser des processus plus complexes. Rassemblement incroyable (chose la plus récente) : Les usines capables coordonnent les niveaux de progrès de définition du modèle comme la mécanique de niveau énorme, la pensée artificielle (pensée modernisée) et la capture des choses (IoT). Ces projets interconnectés étalent des conditions de création autonomes. L'assemblage pointu met à niveau des chaînes de stock entières, de la chose à déplacer, en utilisant l'évaluation des données et la prise de notes incessante. Avantages de l'informatisation dans le parti. Capacité étendue : la robotisation accélère la création, réduisant ainsi la porte à incorporer pour le stock. Réduction des coûts : limiter les travaux dérangeants et les erreurs diminue les coûts. Qualité réglementée : la robotisation garantit une qualité solide en réduisant l'instabilité. Sécurité repensée : moins d'efforts manuels signifie moins de risques. Merveilleuses installations de régulation par rapport aux systèmes de création mécaniques standard Environnements de travail actuels : utilisez des plans et des éléments interconnectés pour transmettre les données de conduite. Connectez la création d'un meilleur choix pour les têtes, les contrôleurs ont montré des experts et des pionniers préparés. Coordonnez la mécanique de niveau évident et incontestable, les données artificielles et l'IoT. Basé sur l'interconnectivité des structures et le partage de données. Nécessité de réduire les rejets, de réduire les coûts et de limiter davantage l'assistance. Structures de création mécanique standard : Intégrer des cycles directs où chaque expert effectue des tâches sans équivoque. Cela peut entraîner des goulots d'étranglement et des reports. Vous manquez de flexibilité et de polyvalence avec de merveilleuses lignes de création. Les usines supervisées par End Sharp s'attaquent au pic de la tournure des événements, en utilisant le développement pour relancer la création et les chaînes d'approvisionnement. À mesure que nous progressons, la coordination fiable des univers physiques et de certains niveaux continuera à façonner le sort possible des réunions.

Chapitre 4 : Les robots dans les soins médicaux : changer les médicaments et les patients

Ces derniers temps, la technologie mécanique s'est imposée comme une puissance importante dans le domaine des soins médicaux, réformant la manière dont les opérations sont effectuées et la façon dont l'attention du patient est transmise. Des robots soigneux qui aident les spécialistes avec précision et habileté aux cadres mécaniques qui aident et soutiennent les patients, la combinaison de la technologie mécanique dans les services médicaux a permis des progrès critiques en termes de résultats thérapeutiques, de bien-être des patients et, dans l'ensemble, de la nature des soins. Dans cette section, nous étudierons l'effet des robots dans les soins médicaux et le travail extraordinaire qu'ils jouent pour façonner le destin éventuel de la médecine. À la pointe de la technologie mécanique dans les soins médicaux se trouvent des robots prudents, qui ont changé l'acte d'un médecin. procédure en offrant des degrés exceptionnels de précision, de contrôle et de perception. Ces cadres mécaniques sont équipés d'innovations d'imagerie de pointe, telles que des caméras de haute qualité et une imagerie 3D, qui fournissent aux spécialistes une perméabilité améliorée et une vision de la profondeur des systèmes.

En outre, des bras automatisés avec différents niveaux d'opportunité et d'aptitude permettent aux spécialistes d'effectuer des mouvements complexes avec plus de précision et d'adaptabilité que les techniques de précaution habituelles. L'un des exemples les plus remarquables de mécanique soigneusement avancée est le da Vinci Careful Framework, qui a été largement adopté. sur les systèmes négligeablement intrusifs dans les domaines de la renommée comme l'urologie, la gynécologie et les procédures médicales en général. Le cadre Da Vinci comprend des bras mécaniques contraints par une console spécialisée, prenant en compte les développements précis et le contrôle sensible des tissus avec des points d'entrée insignifiants. En limitant les blessures aux tissus et organes englobants, la mécanique a aidé une procédure médicale à offrir aux patients des temps de récupération plus rapides, une diminution des tourments et des résultats correctifs plus développés par rapport à la chirurgie ouverte habituelle. En plus d'une technologie mécanique soignée, les robots jouent également un rôle indéniablement important dans aide clinique et restauration. Par exemple, des exosquelettes mécaniques sont utilisés pour aider les patients présentant des impédances polyvalentes, comme des blessures à la colonne vertébrale ou un accident vasculaire cérébral, en offrant une aide alimentée à leurs appendices inférieurs. Ces exosquelettes permettent aux patients de se tenir debout, de marcher et d'effectuer les exercices de la vie quotidienne avec plus de liberté et de certitude, ce qui entraîne une amélioration des capacités réelles et de la nature de la vie. De plus, les robots sont utilisés dans les applications de télémédecine pour donner des informations à distance. conseil et observation des patients dans des régions mal desservies ou éloignées. Les robots de téléprésence équipés de caméras et d'écrans permettent aux prestataires de soins médicaux de se connecter avec les patients et de mener des évaluations en continu, franchissant les obstacles géologiques et augmentant l'admission dans les administrations de soins médicaux. Ceci est particulièrement important dans les réseaux rustiques ou lors de crises où l'admission aux examens cliniques peut être limitée. En outre, les robots sont utilisés dans divers autres contextes de soins médicaux, notamment les pharmacies, les centres de recherche et les centres de restauration, pour mécaniser les tâches et les tâches de routine. développer davantage la productivité. Les systèmes robotisés d'administration de médicaments garantissent un dosage précis et réduisent le risque d'erreurs de prescription, tandis que les dispositifs de phlébotomie automatisés facilitent les systèmes de collecte de sang et limitent les désagréments pour les patients. En outre, les robots sont utilisés dans le traitement et la récupération non intrusifs pour proposer des activités et des réunions de traitement personnalisées adaptées aux besoins individuels des patients. Cependant, à mesure que l'innovation en mécanique avancée continue de se propulser, elle soulève en outre des ramifications morales, administratives et culturelles qui devraient être soigné. Les préoccupations liées à la compréhension du bien-être, de la sécurité et du risque nécessitent une réflexion et une surveillance prudentes pour garantir que les robots sont transmis de manière compétente et morale. En outre,les efforts visant à remédier aux variations d'admission à l'innovation automatisée et aux administrations de services médicaux sont fondamentaux pour garantir que tous les patients bénéficient de la capacité d'une mécanique avancée à travailler sur les résultats cliniques et la nature de la vie. En fin de compte, les robots changent la scène des services médicaux. , offrant de nouvelles portes ouvertes pour travailler sur les opérations, la prise en compte des patients et, en général, les résultats en matière de bien-être. Des robots prudents qui mettent en œuvre des stratégies négligeablement intrusives aux exosquelettes automatisés qui contribuent à la polyvalence et à la restauration, le mélange de technologie mécanique dans les services médicaux ouvre de nouvelles étendues sauvages pour l'avancement et la révélation. Alors que nous continuons à étudier les capacités des robots dans les soins médicaux, restons guidés par notre obligation de propulser la prospérité humaine et de créer un avenir où l'innovation répond aux exigences des patients et des fournisseurs de services médicaux. Les services médicaux continuent de se développer, de nouveaux développements et applications apparaissent qui garantissent de modifier davantage l'acte de médication et la prise en compte des patients. L'un de ces domaines de progrès est l'utilisation du raisonnement informatisé (intelligence artificielle) et des calculs d'IA pour améliorer les capacités des cadres automatisés. En grande majorité des informations cliniques, les robots contrôlés par l'intelligence artificielle peuvent aider les cliniciens à diagnostiquer les maladies, à organiser les systèmes de thérapie et à anticiper les résultats des patients avec plus de précision et d'efficacité. modalités d'observation des patients. Par exemple, les robots équipés de biocapteurs et de gadgets de contrôle physiologique peuvent suivre des signes impératifs, identifier les signes précoces de maladies et donner des médicaments ou des alarmes opportuns aux patients et aux prestataires de soins médicaux. Cette vérification et cette saisie continues permettent une administration proactive des infections persistantes et diminuent le besoin de visites régulières aux urgences, ce qui incite à travailler sur des résultats tolérants et des fonds de réserve pour les systèmes de soins médicaux. De plus, la mécanique avancée bouleverse le domaine de l'imagerie clinique et du diagnostic, compte tenu une reconnaissance plus exacte et plus productive des maladies et des irrégularités. Les cadres d'imagerie automatisés, par exemple les robots dirigés par rayons X et les scanners à ultrasons mécaniques, permettent une concentration et une perception exactes des conceptions physiques, améliorant ainsi la précision analytique et réduisant le besoin de méthodologie intrusive. En outre, les gadgets de biopsie mécanique permettent aux cliniciens d'effectuer des tests tissulaires avec une plus grande précision et un risque négligeable pour les patients, ce qui permet des déterminations et une planification de traitement plus précises. De plus, la technologie mécanique joue un rôle central dans la résolution des problèmes de soins médicaux de base, comme la pandémie de coronavirus. ,en permettant une évolution rapide des événements et en organisant des tests de démonstration, des thérapies et des vaccinations. Les robots sont utilisés dans les laboratoires pour mécaniser les processus de test à haut débit, accélérant ainsi la découverte de maladies virales et travaillant avec les efforts de suivi des contacts. En outre, des robots sont transportés dans les cliniques pour désinfecter les surfaces, transporter des médicaments et aider à la prise en charge des patients, réduisant ainsi le risque de transmission et allégeant le poids du personnel médical. Cependant, à mesure que les robots sont progressivement coordonnés dans les établissements de soins médicaux, il est fondamental pour répondre aux préoccupations liées à la protection des patients, à la sécurité de l'information et aux considérations morales. Des boucliers doivent être mis en place pour garantir que les données des patients sont protégées et que les robots sont utilisés de manière consciente et morale conformément aux règles et directives cliniques établies. En outre, il est urgent de s'efforcer de remédier aux aberrations en matière d'admission à l'innovation mécanique et aux administrations de soins médicaux afin de garantir un transport équitable des services médicaux et de développer davantage les résultats en matière de bien-être pour tous les patients. En fin de compte, la technologie mécanique est prête à changer l'acte de médication et le patient. considération de manière significative et efficace. Des robots prudents qui autorisent des méthodes peu intrusives aux cadres symptomatiques contrôlés par l'intelligence informatique et aux dispositifs de vérification de la compréhension lointaine, l'intégration de la technologie mécanique dans les services médicaux représente un engagement colossal pour travailler sur les résultats cliniques, réduire les coûts des services médicaux et améliorer la satisfaction personnelle des patients. Alors que nous continuons à étudier les capacités des robots dans les soins médicaux, restons concentrés sur l'innovation pour aider l'humanité, en créant un avenir où chacun se rapprochera d'administrations de services médicaux de haut calibre, miséricordieuses et personnalisées. En outre, à mesure que les robots sont organisés de manière fiable dans des cadres d'avantages cliniques, il est essentiel de se concentrer sur les efforts conjoints interdisciplinaires et l'engagement de décoration pour garantir que les moteurs électroniques répondent aux problèmes et aux idées des patients, des fournisseurs de pensée clinique et d'autres partenaires. En établissant des relations entre ingénieurs, cliniciens, professionnels qualifiés, décideurs politiques et patients, nous pouvons co-créer des arrangements imaginatifs qui abordent les difficultés et les entrées déroutantes du transport des avantages cliniques. De même, les efforts visant à promouvoir la préparation et l'organisation du nouveau développement mécanique et de la pensée clinique sont épiques pour mettre en place la nouvelle saison frappante de la pensée clinique, des spécialistes et des technologues disposés à mettre en place les plus grandes avancées du progrès automatisé. En ouvrant la voie à une expérience dynamique, à un effort conjoint interdisciplinaire et à un apprentissage fiable, nous pouvons fournir aux experts en avantages cliniques les informations et les paramètres dont ils ont besoin pour intégrer le mouvement mécanique dans leur pratique clinique et aider davantage les patients à obtenir des résultats. De plus, comme nous le prévoyons, il est crucial de continuer à investir des ressources dans des efforts créatifs pour faire évoluer les meilleurs de leur catégorie en matière de mouvement mécanique et d'idées cliniques. En soutenant des projets d'évaluation interdisciplinaires, des initiatives de développement et des affiliations public-privé, nous pouvons accélérer le progrès et apporter des avancées incroyablement électroniques du laboratoire au lieu de travail. Cela fusionne de nouvelles étapes motorisées, évaluations et capteurs en pleine croissance qui répondent aux nécessités cliniques acquises et permettent des soins réinvestis et axés sur le patient. Enfin, l'amélioration mécanique est prête à changer la présentation des médicaments et les réflexions des patients, offrant de nouvelles voies pour orienter les résultats cliniques, repenser les rencontres avec les patients et réduire les coûts des avantages cliniques. En acceptant les limites de l'amélioration mécanique de la pensée clinique et en travaillant de manière cohérente entre les disciplines et les régions, nous pouvons créer un avenir où tout le monde se rapproche d'affiliations à des avantages cliniques indéniables, intelligents et modifiés. Alors que nous continuons à observer les résultats réguliers des robots dans la pensée clinique, restons guidés par notre obligation de pousser les individus à réussir et à créer un avenir où l'amélioration répond aux besoins des patients et aux fournisseurs d'avantages cliniques.

Avancées en matière de technologie mécanique soignée et d'aide clinique

Procédures médicales assistées par robot : Les procédures médicales assistées par robot ont progressé depuis leur apparition dans la dernière partie des années 1960. Les systèmes de contrôle automatisés actuels sont équipés d'armes profondément adroites et d'instruments réduits. Ces systèmes réduisent les tremblements de terre, renforcent les mouvements fragiles et améliorent la précision. La combinaison des progrès de l'imagerie et de la représentation développe davantage la précision. Cadre de critique haptique : les robots prudents intègrent actuellement un cadre de saisie haptique.

➢ Cela permet aux spécialistes d'évaluer la consistance des tissus pendant les stratégies sans contact réel, évitant ainsi les blessures dues à une application d'énergie déraisonnable. Téléopération : les spécialistes peuvent surmonter les limites topographiques en utilisant la téléopération. Cette innovation permet le transport de soins médicaux particuliers à distance. Raisonnement informatisé (intelligence informatique) et IA (ML) : l'intelligence informatique et le ML jouent un rôle essentiel dans une direction prudente. Ils améliorent la reconnaissance des conceptions physiques déroutantes, entraînant de meilleurs résultats pour les patients. Récupération plus rapide et moins de confusions : Cette multitude de progrès ajoute à une récupération persistante plus rapide et à moins de complexités post-prudentes. Quoi qu'il en soit, il y a des difficultés à survivre : Coût : Les cadres mécaniques sont coûteux à sécuriser et à entretenir.

➢ Taille : La taille des armatures mécaniques peut gêner certains réglages. Préparation spécialisée : une préparation légitime est fondamentale pour une utilisation réussie de robots soignés. Malgré ces difficultés, le sort des procédures médicales mécaniques semble encourageant. Les progrès, par exemple la mécanisation artificielle basée sur l'intelligence, les nanorobots, les procédures médicales minuscules, les cadres télérobotiques semi-robotisés et l'effet du réseau 5G sur les procédures médicales lointaines, continuent de faire progresser les services médicaux. Des organisations comme Natural Careful, Johnson and Johnson, Medtronic et Olympus sont des pionnières dans ce domaine.

Chapitre 5 : Le travail des robots dans les enquêtes : propulser les divulgations spatiales et maritimes

Les robots ont longtemps perçu un rôle fondamental dans la réalisation du discernement, nous pourrions assouplir l'univers et révéler les secrets de lieux ennuyeux, tant sur la planète qu'aucune enquête. Des dériveurs électroniques traversant la surface martienne aux véhicules d'abattage gratuits planifiant les profondeurs de la mer, l'examen mécanique accroît les exigences en matière d'information humaine et remodèle notre point de vue sur l'univers.

Dans cette partie, nous examinerons le contrôle modifié des robots en évaluation et les ouvertures cruciales auxquelles ils participent dans l'espace et les océans. À l'extrême pointe de l'évaluation mécanique se trouve le domaine du développement de la mécanique spatiale, qui résume d'innombrables missions et avancées motorisées. qui sont censés examiner les corps divins et vérifier l'univers. Les objets errants informatisés, par exemple les vagabonds martiens Soul, Opportunity et Premium de la NASA, ont changé la façon dont nous pouvions démêler la planète rouge en inspectant sa surface, en conduisant des évaluations raisonnables et en rassemblant des modèles géographiques. Ces vagabonds sont équipés d'un ensemble d'instruments, notamment des caméras, des spectromètres et des perceuses, qui les attirent pour observer la scène martienne et les excursions à la recherche d'indications sur la vie passée ou présente. De plus, des fusées mécaniques, par exemple l'Explorer de la NASA les tests et les égarements de Mars, ont erré devant notre réunion planétaire, fournissant des informations et des données majeures sur les niveaux externes de l'univers.

Ces événements sociaux mécaniques spatiaux sont équipés de capteurs et d'instruments qui leur permettent de se concentrer sur des planètes lointaines, des lunes et de magnifiques non-conventionnalités, révélant un discernement de la structure et du développement de notre partie planétaire et de l'univers plus fondamental. De plus, les télescopes et observatoires mécaniques, par exemple le télescope spatial Hubble et le télescope spatial James Webb, continuent de modifier notre vision de l'univers en trouvant des images choquantes et en rassemblant des informations provenant de structures lointaines et de phénomènes importants. À l'évaluation spatiale, les robots attendent en conséquence un rôle important dans l'évaluation des océans, en se connectant avec des experts pour étudier et guider les profondeurs colossales et pardonnées de la mer, généralement base. Les véhicules coupés gratuitement (AUV) et les véhicules télétravaillés (ROV) équipés de caméras, de sonars et d'autres capteurs sont prêts à être largués à des profondeurs de plusieurs milliers de mètres, collectant des informations standard de base et le symbolisme des scènes coupées et des plans ordinaires. Ces robots font appel à des experts pour se concentrer sur les évents aqueux océaniques lointains, les récifs coralliens et la vie marine, fournissant ainsi des données clés sur l'interconnectivité des mers de la Terre et l'effet des exercices humains sur les écosystèmes marins. dans des conditions insensées, par exemple dans la région polaire et dans les canaux océaniques lointains, pour travailler avec une évaluation judicieuse et filtrer les changements typiques. Des robots pénétrant dans la glace, comme Icebreaker de la NASA, sont utilisés pour se concentrer sur les morceaux de calottes polaires et filtrer les changements du niveau des océans et de l'environnement. De plus, des ROV océaniques lointains équipés de bras de contrôleur et d'instruments d'observation attirent des experts pour assembler les éléments essentiels de la progression, des roches et de la vie marine depuis les profondeurs de la mer, ajoutant ainsi à la façon dont nous pourrions démêler l'histoire spatiale et la biodiversité de la Terre. De plus, certains mécanismes de niveau le développement implique l'amélioration des réactions créatives pour étudier et coloniser d'autres corps étonnants, comme la Lune et Mars. Des atterrisseurs automatisés et des conditions équipées d'une présence d'affiliations très importantes et de poussées d'utilisation des actifs sont en cours pour faciliter les missions d'évaluation humaine dans ces univers lointains. De plus, des robots libres et des vagabonds sont envisagés pour être utilisés dans le développement de pièces typiques ordinaires lunaires et martiennes, ainsi que pour la prospection et l'exploitation minière d'actifs essentiels comme l'eau et les minéraux. Cependant, à mesure que nous explorons plus loin dans l'espace et étudions les profondeurs de la en mer, il est essentiel de réfléchir aux conséquences morales, normales et légitimes de l'évaluation robotisée. Les tentatives visant à sauver et à observer des corps époustouflants et des plans habituels de la vie marine contre l'avilissement et l'sidération nécessitent une procédure prudente et une coordination entre les relations dans l'ensemble. De plus, les inquiétudes concernant le gaspillage et la pollution de l'espace doivent être prises en compte pour garantir la réalité des exercices d'examen en salle et couper le risque de contact avec des fusées et des satellites obligeants. Dans le cadre de la certification, les robots anticipent une partie essentielle de la conduite visuelle afin que nous puissions traduire l'univers et favoriser les forêts de l'évaluation humaine. De l'analyse de planètes lointaines et de corps de dynamite à l'organisation des profondeurs des mers, l'examen mécanique est lié aux ouvertures fondamentales et à la refonte de la façon dont nous pouvons traduire l'univers. Alors que nous continuons à repousser les limites de l'examen mécanique, restons concentrés sur notre rythme le plus mémorable, notre cortex frontal imaginatif et notre obligation de rechercher les informations faibles et mal conservées de l'univers. De plus, à mesure que les progrès continuent d'avoir un impact, les impératifs des voyageurs robotisés devraient s'avérer plus poussés, étonnants dans les domaines de force pour plus et de divulgations dans l'évaluation spatiale et océanique. Par exemple, les futures missions spatiales pourraient intégrer la mise en place d'énormes mesures de robots à portée restreinte pour évaluer les surfaces planétaires de manière impressionnante plus rapidement, effectuer des tests et diriger les évaluations facilement. Ces robots pourraient partager gentiment, passer et comprendre leurs activités pour atteindre des objectifs exigeants avec plus de capacité que les missions individuelles. De même, dans l'évaluation des océans, des types de progrès dans les progrès de la mécanique de haut niveau ouvrent des passages supplémentaires pour se concentrer sur de bonnes conditions, par exemple, des évents aqueux, des canaux océaniques lointains et des mers couvertes de glace. Des AUV réduits équipés de capteurs et de dispositifs de démontage de pointe pourraient être déployés en nombre colossal pour planifier et analyser ces opérations à distance et les tester à venir dans les districts, révélant des informations sur la biodiversité, la géographie et l'état standard de l'immense océan. , certains mécaniciens de niveau travaillent avec une assistance globale et une participation aux tentatives d'évaluation, avec des affiliations spatiales, des établissements de recherche et des affiliations restrictives consolidant les tentatives de mise en commun des atouts et du courage pour superviser des inconvénients solides et complexes. Par exemple, la Station spatiale générale (ISS) constitue une étape pour organiser les préparatifs et les tests de révision dans un climat de microgravité, avec la participation d'explorateurs spatiaux et de plans mécaniques pour inciter à la manière dont nous pourrions traduire les technologies de la prospérité humaine, de la science des matériaux et de l'évaluation spatiale. De même, des efforts constants, par exemple le programme d'évaluation Nautilus du Sea Assessment Trust, réunissent des spécialistes, des créateurs et des enseignants du monde entier pour mener des recherches et rester un quartier très ennuyeux des profondeurs marines. En utilisant les progrès robotisés, par exemple les ROV et les AUV, ces efforts découvrent de nouvelles espèces, techniques terrestres et structures typiques, mettant ainsi à jour la manière dont nous pourrions assouplir le climat marin et son importance pour la vie sur Terre.Alors que les limites de l'évaluation mécanique continuent de s'améliorer, il est rentable d'utiliser des robots pour rechercher des indications de vie extraterrestre et des conditions supportables sur différentes planètes et lunes. Les missions sur les lunes froides, par exemple Europe et Encelade, qui pourraient donner un sens aux mers souterraines sous leurs surfaces gelées, pourraient se durcir en envoyant des tests mécaniques pour analyser ces univers lointains et en effectuant des sorties pour vérifier la vie microbienne ou les conditions fiables pour la vie à l'heure actuelle. sachez-le. Cependant, alors que nous abordons les points forts de ces missions, il est fondamental d'aborder les répercussions morales, garanties et sociales de l'évaluation mécanisée. Les exigences concernant la sécurité planétaire, l'effet typique et la répartition raisonnable des actifs doivent être soigneusement prises en compte pour garantir que les répétitions d'évaluation sont effectuées en permanence et conformément aux procédures et cadres généraux. En outre, les efforts visant à attirer le public et à dynamiser la discussion sur les avantages et les dangers de l'évaluation mécanique sont fondamentaux pour renforcer le parrainage et la compréhension des futurs efforts d'évaluation. Dans cette décision, les robots jouent un rôle inhabituel dans la prestation de soins que nous pourrions résoudre. l'univers et développer les domaines d'examen humain initiés. De l'exploration de planètes lointaines et de corps exceptionnels à l'aménagement des profondeurs marines, les pèlerins mécaniques ouvrent de nouvelles ouvertures et remodèlent la façon dont nous pouvons démêler l'univers. Alors que nous continuons à repousser les limites de l'évaluation robotisée, restons façonnés par notre esprit créatif cinq étoiles et notre obligation d'explorer les gens ennuyeux et d'inciter les gens du futur à s'aventurer vers l'insondable.De l'exploration de planètes lointaines et de corps exceptionnels à l'aménagement des profondeurs des mers, les pèlerins mécaniques ouvrent de nouvelles ouvertures et remodèlent la façon dont nous pouvons démêler l'univers. Alors que nous continuons à repousser les limites de l'évaluation robotisée, restons façonnés par notre esprit créatif cinq étoiles et notre obligation d'explorer les gens ennuyeux et d'inciter les gens du futur à s'aventurer vers l'insondable.De l'exploration de planètes lointaines et de corps exceptionnels à l'aménagement des profondeurs des mers, les pèlerins mécaniques ouvrent de nouvelles ouvertures et remodèlent la façon dont nous pouvons démêler l'univers. Alors que nous continuons à repousser les limites de l'évaluation robotisée, restons façonnés par notre esprit créatif cinq étoiles et notre obligation d'explorer les gens ennuyeux et d'inciter les gens du futur à s'aventurer vers l'insondable.

Des Mars Wanderers aux Voyageurs océaniques éloignés

Juste au moment où nous entendons « égaré », nos esprits se tournent continuellement vers des images de l'évaluation de Mars, où des vagabonds mécaniques comme Steady Quality et Premium explorent la surface de la planète rouge, démantelant sa géologie à la recherche de signes de caractère raisonnable passé. Quoi qu'il en soit, la Terre montre aussi ses animaux errants, et ils recherchent un substitut sauvage : l'immense océan. L'un de ces vagabonds mémorables est le Benthic Wanderer II, fabriqué par des experts du Monterey Delta Aquarium Assessment Connection (MBARI). En aucun cas comme ses partenaires martiens, Benthic Vagabond II travaille à 4 000 mètres sous la surface de l'océan, sur une nouvelle plaine critique, battant l'étonnante pile de 6 000 livres pour chaque pouce carré de pression. Nous devrions plonger dans l'univers enchanteur de l'évaluation des mers lointaines et étudier cette espèce errante déroutante. Benthic Drifter II : Recherche sur l'évaluation critique du cycle du carbone dans la base maritime : La mission clé de Benthic Stray II est d'accumuler des données liées au cycle du carbone. Il cherche des réponses à des questions telles que Quelles sources de carbone apparaissent dans les profondeurs marines lointaines ? Ce carbone retourne-t-il dans l'environnement sous forme de dioxyde de carbone (ce qui pourrait potentiellement contribuer à un changement global de température), ou reste-t-il séquestré en toute sécurité dans l'amélioration des océans ? En étudiant l'utilisation de l'oxygène par les animaux et les micro-organismes présents sur la base après un certain temps, le vagabond aide les scientifiques à comprendre comment le carbone se déplace de la surface vers la base marine. Environnement de test : L'environnement marin lointain dans lequel Benthic Wanderer II travaille est complètement idiot : Plaine critique : Une base maritime ignorée et tumultueuse à une importance de 4 000 mètres. Températures froides et tension élevée : le vagabond progresse dans des conditions glaciales et une pression énorme.

> ➤ Ténèbres : La lumière du soleil ne pénètre pas dans ces profondeurs, le vagabond s'appuie donc sur un éclairage contrefait. Évaluation gratuite : Benthic Vagabond II fonctionne sans entrave, enquêtant sur la

base maritime, en prenant des photographies et en rassemblant des données. Sa caméra réalise des rencontres frémissantes avec d'énormes poissons, par exemple en regardant à travers des rattails (Coryphaenoides sp.). Contemplations pour le changement écologique : Comprendre le cycle du carbone dans les mers lointaines a des répercussions plus importantes sur le changement ordinaire. S'attendre à ce que le dioxyde de carbone soit libéré à partir de la base marine pourrait contribuer au réchauffement général. Là encore, la séquestration du carbone dans le développement des océans atténue les impacts ordinaires. Fardeaux d'organisation : S'éloigner vers la mer lointaine implique d'étonnants obstacles d'orchestration : Matériaux libéraux : Le dériveur doit aller au-delà d'une pression folle et d'une eau salée déchirante. Parcours clair : le parcours relatif de la scène, similaire à celui qui a fonctionné avec le Mars errant, aide Benthic Wanderer II à examiner véritablement. En résumé, tandis que les dériveurs martiens détruisent des planètes lointaines, Benthic Wanderer II plonge dans les mystères de nos océans colossaux. Ses données ajoutent à la manière dont nous pouvons dérouler les pièces en carbone et éclairent notre méthode de gestion et d'administration de la gestion normale.

Chapitre 6 : Mécanique avancée et enseignement : façonner le destin de l'apprentissage

Dernièrement, l'innovation mécanique est apparue comme une ressource nécessaire à l'évolution et à la préparation, offrant aux étudiants de tous âges la possibilité de participer à des expériences d'apprentissage élaborées qui soutiennent les esprits créatifs, la pensée concluante et les capacités de raisonnement décisif. Des écoles primaires aux universités, les programmes de mécanique de haut niveau incitent les étudiants à explorer les disciplines des sciences, du développement, de la planification et des mathématiques (STEM) de manière imaginative et associative.

Dans cette partie, nous étudierons le métier de l'innovation mécanique dans la préparation et son impact sur la destinée de l'apprentissage. Au centre de l'innovation mécanique, le tutorat est la perspective de progresser par l'action, où les étudiants participent avec succès à l'aménagement, à la construction, et programmer des robots pour faire face à de véritables difficultés. En travaillant utilement lors de réunions, les étudiants acquièrent d'énormes capacités telles que la correspondance, les efforts conjoints et les courses au conseil d'administration, qui sont des résultats majeurs dans la main-d'œuvre du 21e siècle. En outre, les projets d'innovation mécanique soutiennent l'inventivité et l'amélioration, car les étudiants sont encouragés à explorer différentes voies concernant différents plans et accords pour atteindre leurs objectifs. L'une des étapes les plus remarquables de la préparation à l'innovation mécanique est LEGO Mindstorms, qui offre aux étudiants un outil adaptable et simple. scène pour construire et programmer des robots à l'aide de blocs et de capteurs LEGO. Les packs LEGO Mindstorms regroupent des blocs programmables, des moteurs, des capteurs et des gadgets de programmation qui incitent les étudiants à planifier et à créer des robots capables de réaliser un grand nombre d'activités, depuis l'enquête sur des parcours d'obstruction jusqu'à l'orchestration de choses ou le jeu. Ces unités sont utilisées dans les salles de classe du monde entier pour montrer aux étudiants les principes fondamentaux de l'innovation mécanique et de la programmation d'une manière stupide et astucieuse. De plus, des concours d'innovation mécanique comme FIRST Mechanical Innovation et VEX Progressed Mechanics offrent aux étudiants la possibilité d'appliquer leurs capacités et données dans un environnement implacable, où ils conçoivent, développent et programment des robots pour combattre dans un mouvement de défis. Ces défis dotent les étudiants d'une compréhension approfondie et développent la collaboration, l'esprit sportif et un sentiment d'amélioration alors que les rassemblements s'assemblent pour traiter de problèmes incroyables et atteindre des objectifs communs. En outre, les conflits d'innovation mécanique offrent aux étudiants une réceptivité aux pratiques de planification authentiques et aux mentors de l'industrie, donnant ainsi lieu à des rencontres significatives sur des voies commerciales potentielles dans les domaines STEM. De plus, la préparation à l'innovation mécanique ne se limite pas aux paramètres habituels des couloirs d'examen, mais elle est également facilitée dans un apprentissage détendu. conditions, par exemple, des programmes parascolaires, des camps de jour et des espaces de création. Ces portes ouvertes d'apprentissage détendu permettent aux étudiants d'examiner les mécanismes avancés à leur rythme et de rechercher leurs tendances dans les matières STEM au-delà de la classe. En outre, les clubs de mécanique de haut niveau et les affiliations donnent aux étudiants le sentiment d'avoir un endroit où ils peuvent collaborer avec des pairs partageant des intérêts et des passions proches. De plus, les mécaniciens de haut niveau attendent un rôle fondamental dans la promotion de la diversité et de la réflexion dans les STEM. préparation en ouvrant des portes d'entrée à des rassemblements sous-représentés, notamment des femmes et des minorités,poursuivre sa participation aux dynamiques portes ouvertes au développement et à la recherche appelant des voies de développement et de planification. Les initiatives, par exemple, Young Women Who Code et les minorités ethniques CODE s'efforcent de se connecter avec des jeunes femmes et des jeunes femmes pour rechercher des appels dans les domaines STEM grâce à des mécanismes de pointe et des programmes de codage qui accentuent l'esprit créatif, facilitent l'effort et le développement de l'autorité. Cependant, à mesure que le tutorat en mécanique de pointe continue de se développer, il est fondamental de relever des défis tels que l'accès, la valeur et la planification des enseignants afin de garantir que tous les élèves ont l'opportunité attendue de bénéficier d'une préparation en mécanique de pointe. Les tentatives visant à rassembler l'autorisation d'accéder à des ressources et à des activités mécaniques de pointe dans des réseaux mal desservis, à offrir des possibilités d'amélioration significatives aux éducateurs et à faire progresser des pratiques d'exposition de grande envergure sont essentielles pour clôturer l'ouverture de la direction STEM et attirer l'époque exceptionnelle des pionniers et des résolveurs de problèmes. En fin de compte, l'innovation mécanique change le tutorat en offrant aux étudiants des opportunités dynamiques de développement qui renforcent les esprits créatifs, la réflexion définitive et l'effort composé. Des packs LEGO Mindstorms dans les écoles primaires aux défis d'innovation mécanique dans les écoles optionnelles et les universités, la préparation en mécanique de haut niveau incite les étudiants à explorer les sujets STEM de manière jusqu'à présent insondable. Alors que nous continuons à fournir la puissance des mécanismes de pointe dans la préparation, restons déterminés à créer des conditions d'apprentissage approfondies qui relient tous les étudiants pour réussir et prospérer au 21e siècle. De plus, à mesure que les progrès continuent de se créer, les portes ouvertes pour des mécanismes de pointe en matière de tutorat se développent, offrant de nouvelles portes d'entrée et des portes ouvertes et peaufinées pour le développement. Les progrès de la réalité virtuelle et étendue (VR/AR), par exemple, sont facilités par l'innovation mécanique, préparant la création de circonstances virtuelles dans lesquelles les étudiants peuvent concevoir, construire et tester des robots dans des contextes reconstitués. Ces expériences virtuelles incitent les étudiants à examiner des pensées et des circonstances complexes d'une manière protégée et naturelle, mettant ainsi à jour leur compréhension et leur soutien aux principes STEM. De plus, l'innovation mécanique est utilisée pour favoriser le progrès interdisciplinaire dans de nombreux domaines de l'information, de l'artisanat à la musique en passant par l'histoire. et composer. Par exemple, la mécanique de haut niveau qui solidifie des éléments de description, d'inventivité et de conception met les étudiants au défi de penser de manière générale et imaginative tout en ravivant leurs contemplations grâce à une mécanique de pointe. En planifiant les mécanismes avancés dans des contextes pédagogiques regroupés, les éducateurs peuvent attirer les étudiants vers des portes ouvertes immenses et significatives pour le développement qui dépassent toute frontière entre la spéculation et la pratique.la mécanique de haut niveau permet la participation globale et l'échange social des étudiants partenaires de différents pays et établissements à travers des aventures et des conflits partagés en mécanique avancée. Des projets, par exemple Vital Global Test et RoboCup Junior, se joignent à des rassemblements d'étudiants du monde entier pour collaborer sur les difficultés de l'innovation mécanique et afficher leurs dons sur une scène globale. Ces efforts répartis dans le monde entier font progresser la connaissance et le partenariat diversifiés et offrent aux étudiants des opportunités critiques d'encourager la participation, la correspondance et les capacités d'organisation dans un contexte multiculturel. De plus, le tutorat en innovation mécanique connecte les étudiants pour qu'ils résolvent les problèmes et améliorent leurs organisations en appliquant leur compréhension et capacités à déterminer les véritables problèmes et problèmes. Par exemple, les projets d'innovation mécanique axés sur la protection régulière, la réponse aux échecs et la considération clinique incitent les étudiants à inclure le développement avancé de la mécanique pour un impact social extraordinaire et à avoir un résultat précieux sur leurs organisations. En participant à des projets d'apprentissage, les étudiants favorisent la compassion, la sympathie et un sentiment d'engagement social, ce qui les positionne pour devenir moraux et associés aux occupants d'un monde irréfutablement interconnecté. Cependant, à mesure que l'innovation mécanique continue de se créer, il est fondamental pour répondre aux tensions liées aux conséquences morales, sociales et biologiques du développement de la mécanique de pointe. Les discussions sur l'utilisation éthique de l'innovation mécanique, y compris des questions telles que la sécurité, la liberté et l'inclinaison, devraient être facilitées dans un cadre pédagogique de mécanique de pointe afin de garantir que les étudiants aient une connaissance nuancée des examens éthiques liés à l'organisation et à l'envoi de structures informatisées. . De plus, les tentatives visant à promouvoir la sensibilité et l'amélioration des compétences dans le tutorat en matière d'innovation mécanique sont essentielles pour garantir que les étudiants sont prêts à relever les défis déroutants et les opportunités de l'avenir. En fin de compte, la mécanique de haut niveau change la préparation en offrant aux étudiants des opportunités attrayantes et frappantes. pour un développement qui développe des esprits créatifs, une pensée sans équivoque et un effort composé. Des unités LEGO Mindstorms dans les écoles primaires aux défis mondiaux de l'innovation mécanique dans les écoles optionnelles et les universités, la préparation à l'innovation mécanique incite les étudiants à examiner les sujets STEM d'une manière jusqu'à présent insondable. Alors que nous continuons à exploiter la puissance de l'innovation mécanique dans l'éducation, restons concentrés sur la création de conditions d'apprentissage complètes qui connectent tous les étudiants pour qu'ils deviennent des doublures et des pionniers bien établis qui peuvent prospérer au cours du 21e siècle, pour dire le tout. moins.le Vital Global Test et la RoboCup Junior se joignent à des rassemblements d'étudiants du monde entier pour collaborer sur les difficultés de l'innovation mécanique et afficher leurs dons sur une scène globale. Ces efforts répartis dans le monde entier font progresser la connaissance et le partenariat diversifiés et offrent aux étudiants des opportunités critiques d'encourager la participation, la correspondance et les capacités d'organisation dans un contexte multiculturel. De plus, le tutorat en innovation mécanique connecte les étudiants pour qu'ils résolvent les problèmes et améliorent leurs organisations en appliquant leur compréhension et capacités à déterminer les véritables problèmes et problèmes. Par exemple, les projets d'innovation mécanique axés sur la protection régulière, la réponse aux échecs et la considération clinique incitent les étudiants à inclure le développement avancé de la mécanique pour un impact social extraordinaire et à avoir un résultat précieux sur leurs organisations. En participant à des projets d'apprentissage, les étudiants favorisent la compassion, la sympathie et un sentiment d'engagement social, ce qui les positionne pour devenir moraux et associés aux occupants d'un monde irréfutablement interconnecté. Cependant, à mesure que l'innovation mécanique continue de se créer, il est fondamental pour répondre aux tensions liées aux conséquences morales, sociales et biologiques du développement de la mécanique de pointe. Les discussions sur l'utilisation éthique de l'innovation mécanique, y compris des questions telles que la sécurité, la liberté et l'inclinaison, devraient être facilitées dans un cadre pédagogique de mécanique de pointe afin de garantir que les étudiants aient une connaissance nuancée des examens éthiques liés à l'organisation et à l'envoi de structures informatisées. . De plus, les tentatives visant à promouvoir la sensibilité et l'amélioration des compétences dans le tutorat en matière d'innovation mécanique sont essentielles pour garantir que les étudiants sont prêts à relever les défis déroutants et les opportunités de l'avenir. En fin de compte, la mécanique de haut niveau change la préparation en offrant aux étudiants des opportunités attrayantes et frappantes. pour un développement qui développe des esprits créatifs, une pensée sans équivoque et un effort composé. Des unités LEGO Mindstorms dans les écoles primaires aux défis mondiaux de l'innovation mécanique dans les écoles optionnelles et les universités, la préparation à l'innovation mécanique incite les étudiants à examiner les sujets STEM d'une manière jusqu'à présent insondable. Alors que nous continuons à exploiter la puissance de l'innovation mécanique dans l'éducation, restons concentrés sur la création de conditions d'apprentissage complètes qui relient tous les étudiants pour qu'ils deviennent des doublures et des pionniers bien établis qui peuvent prospérer au cours du 21e siècle, pour dire le tout. moins.le Vital Global Test et la RoboCup Junior se joignent à des rassemblements d'étudiants du monde entier pour collaborer sur les difficultés de l'innovation mécanique et afficher leurs dons sur une scène globale. Ces efforts répartis dans le monde entier font progresser la connaissance et le partenariat diversifiés et offrent aux étudiants des opportunités critiques d'encourager la participation, la correspondance et les capacités d'organisation dans un contexte multiculturel. De plus, le tutorat en innovation mécanique connecte les étudiants pour qu'ils résolvent les problèmes et améliorent leurs organisations en appliquant leur compréhension et capacités à déterminer les véritables problèmes et problèmes. Par exemple, les projets d'innovation mécanique axés sur la protection régulière, la réponse aux échecs et la considération clinique incitent les étudiants à inclure le développement avancé de la mécanique pour un impact social extraordinaire et à avoir un résultat précieux sur leurs organisations. En participant à des projets d'apprentissage, les étudiants favorisent la compassion, la sympathie et un sentiment d'engagement social, ce qui les positionne pour devenir moraux et associés aux occupants d'un monde irréfutablement interconnecté. Cependant, à mesure que l'innovation mécanique continue de se créer, il est fondamental pour répondre aux tensions liées aux conséquences morales, sociales et biologiques du développement de la mécanique de pointe. Les discussions sur l'utilisation éthique de l'innovation mécanique, y compris des questions telles que la sécurité, la liberté et l'inclinaison, devraient être facilitées dans un cadre pédagogique de mécanique de pointe afin de garantir que les étudiants aient une connaissance nuancée des examens éthiques liés à l'organisation et à l'envoi de structures informatisées. . De plus, les tentatives visant à promouvoir la sensibilité et l'amélioration des compétences dans le tutorat en matière d'innovation mécanique sont essentielles pour garantir que les étudiants sont prêts à relever les défis déroutants et les opportunités de l'avenir. En fin de compte, la mécanique de haut niveau change la préparation en offrant aux étudiants des opportunités attrayantes et frappantes. pour un développement qui développe des esprits créatifs, une pensée sans équivoque et un effort composé. Des unités LEGO Mindstorms dans les écoles primaires aux défis mondiaux de l'innovation mécanique dans les écoles optionnelles et les universités, la préparation à l'innovation mécanique incite les étudiants à examiner les sujets STEM d'une manière jusqu'à présent insondable. Alors que nous continuons à exploiter la puissance de l'innovation mécanique dans l'éducation, restons concentrés sur la création de conditions d'apprentissage complètes qui relient tous les étudiants pour qu'ils deviennent des doublures et des pionniers bien établis qui peuvent prospérer au cours du 21e siècle, pour dire le tout. moins.Le tutorat en innovation mécanique permet aux étudiants de résoudre des problèmes et d'améliorer leurs organisations en appliquant leur compréhension et leurs capacités à déterminer de véritables problèmes et problèmes. Par exemple, les projets d'innovation mécanique axés sur la protection régulière, la réponse aux échecs et la considération clinique incitent les étudiants à inclure le développement avancé de la mécanique pour un impact social extraordinaire et à avoir un résultat précieux sur leurs organisations. En participant à des projets d'apprentissage, les étudiants favorisent la compassion, la sympathie et un sentiment d'engagement social, ce qui les positionne pour devenir moraux et associés aux occupants d'un monde irréfutablement interconnecté. Cependant, à mesure que l'innovation mécanique continue de se créer, il est fondamental pour répondre aux tensions liées aux conséquences morales, sociales et biologiques du développement de la mécanique de pointe. Les discussions sur l'utilisation éthique de l'innovation mécanique, y compris des questions telles que la sécurité, la liberté et l'inclinaison, devraient être intégrées dans un programme pédagogique de mécanique de pointe afin de garantir que les étudiants aient une connaissance nuancée des examens éthiques liés à l'organisation et à l'envoi de structures informatisées. . De plus, les tentatives visant à promouvoir la sensibilité et l'amélioration des compétences dans le tutorat en matière d'innovation mécanique sont essentielles pour garantir que les étudiants sont prêts à relever les défis déroutants et les opportunités de l'avenir. En fin de compte, la mécanique de haut niveau change la préparation en offrant aux étudiants des opportunités attrayantes et frappantes. pour un développement qui développe des esprits créatifs, une pensée sans équivoque et un effort composé. Des unités LEGO Mindstorms dans les écoles primaires aux défis mondiaux de l'innovation mécanique dans les écoles optionnelles et les universités, la préparation à l'innovation mécanique incite les étudiants à examiner les sujets STEM d'une manière jusqu'à présent insondable. Alors que nous continuons à exploiter la puissance de l'innovation mécanique dans l'éducation, restons concentrés sur la création de conditions d'apprentissage complètes qui connectent tous les étudiants pour qu'ils deviennent des doublures et des pionniers bien établis qui peuvent prospérer au cours du 21e siècle, pour dire le tout. moins.Le tutorat en innovation mécanique permet aux étudiants de résoudre des problèmes et d'améliorer leurs organisations en appliquant leur compréhension et leurs capacités à déterminer de véritables problèmes et problèmes. Par exemple, les projets d'innovation mécanique axés sur la protection régulière, la réponse aux échecs et la considération clinique incitent les étudiants à inclure le développement avancé de la mécanique pour un impact social extraordinaire et à avoir un résultat précieux sur leurs organisations. En participant à des projets d'apprentissage, les étudiants favorisent la compassion, la sympathie et un sentiment d'engagement social, ce qui les positionne pour devenir moraux et associés aux occupants d'un monde irréfutablement interconnecté. Cependant, à mesure que l'innovation mécanique continue de se créer, il est fondamental pour répondre aux tensions liées aux conséquences morales, sociales et biologiques du développement de la mécanique de pointe. Les discussions sur l'utilisation éthique de l'innovation mécanique, y compris des questions telles que la sécurité, la liberté et l'inclinaison, devraient être facilitées dans un cadre pédagogique de mécanique de pointe afin de garantir que les étudiants aient une connaissance nuancée des examens éthiques liés à l'organisation et à l'envoi de structures informatisées. . De plus, les tentatives visant à promouvoir la sensibilité et l'amélioration des compétences dans le tutorat en matière d'innovation mécanique sont essentielles pour garantir que les étudiants sont prêts à relever les défis déroutants et les opportunités de l'avenir. En fin de compte, la mécanique de haut niveau change la préparation en offrant aux étudiants des opportunités attrayantes et frappantes. pour un développement qui développe des esprits créatifs, une pensée sans équivoque et un effort composé. Des unités LEGO Mindstorms dans les écoles primaires aux défis mondiaux de l'innovation mécanique dans les écoles optionnelles et les universités, la préparation à l'innovation mécanique incite les étudiants à examiner les sujets STEM d'une manière jusqu'à présent insondable. Alors que nous continuons à exploiter la puissance de l'innovation mécanique dans l'éducation, restons concentrés sur la création de conditions d'apprentissage complètes qui relient tous les étudiants pour qu'ils deviennent des doublures et des pionniers bien établis qui peuvent prospérer au cours du 21e siècle, pour dire le tout. moins.y compris des questions telles que la sécurité, la liberté et l'inclinaison, devraient être intégrées dans un dispositif pédagogique de mécanique de pointe pour garantir que les étudiants acquièrent une connaissance nuancée des examens éthiques liés à l'organisation et à l'envoi de structures informatisées. De plus, les tentatives visant à promouvoir la sensibilité et l'amélioration des compétences dans le tutorat en matière d'innovation mécanique sont essentielles pour garantir que les étudiants sont prêts à relever les défis déroutants et les opportunités de l'avenir. En fin de compte, la mécanique de haut niveau change la préparation en offrant aux étudiants des opportunités attrayantes et frappantes. pour un développement qui développe des esprits créatifs, une pensée sans équivoque et un effort composé. Des unités LEGO Mindstorms dans les écoles primaires aux défis mondiaux de l'innovation mécanique dans les écoles optionnelles et les universités, la préparation à l'innovation mécanique incite les étudiants à examiner les sujets STEM d'une manière jusqu'à présent insondable. Alors que nous continuons à exploiter la puissance de l'innovation mécanique dans l'éducation, restons concentrés sur la création de conditions d'apprentissage complètes qui connectent tous les étudiants pour qu'ils deviennent des doublures et des pionniers bien établis qui peuvent prospérer au cours du 21e siècle, pour dire le tout. moins.y compris des questions telles que la sécurité, la liberté et l'inclinaison, devraient être intégrées dans un dispositif pédagogique de mécanique de pointe pour garantir que les étudiants acquièrent une connaissance nuancée des examens éthiques liés à l'organisation et à l'envoi de structures informatisées. De plus, les tentatives visant à promouvoir la sensibilité et l'amélioration des compétences dans le tutorat en matière d'innovation mécanique sont essentielles pour garantir que les étudiants sont prêts à relever les défis déroutants et les opportunités de l'avenir. En fin de compte, la mécanique de haut niveau change la préparation en offrant aux étudiants des opportunités attrayantes et frappantes. pour un développement qui développe des esprits créatifs, une pensée sans équivoque et un effort composé. Des unités LEGO Mindstorms dans les écoles primaires aux défis mondiaux de l'innovation mécanique dans les écoles optionnelles et les universités, la préparation à l'innovation mécanique incite les étudiants à examiner les sujets STEM d'une manière jusqu'à présent insondable. Alors que nous continuons à exploiter la puissance de l'innovation mécanique dans l'éducation, restons concentrés sur la création de conditions d'apprentissage complètes qui connectent tous les étudiants pour qu'ils deviennent des doublures et des pionniers bien établis qui peuvent prospérer au cours du 21e siècle, pour dire le tout. moins.

Coordonner la technologie mécanique dans le programme éducatif STEM

Trier le développement mécanique dans le système STEM (Science, Progression, Collecting et Learning) est la clé pour rassembler les étudiants avec les points finaux dont ils ont besoin pour le monde en général. Nous devrions examiner comment l'amélioration peut renforcer l'apprentissage STEM : Conditions d'apprentissage standard en ligne : ces étapes récompensent les étudiants qui seront attirés vers la satisfaction. Ils peuvent participer à des reconstitutions, des tests et des exercices obligatoires liés aux évaluations mécaniques. Les instruments en ligne peuvent fournir des données rapides et changer selon les bases de conduite individuelles. Redirection : Les augmentations sont des atouts centraux pour afficher les règles mécaniques. Les étudiants peuvent entreprendre différentes choses dans diverses conditions, remarquer des résultats et acquérir des expériences concrètes. Par exemple, reproduire des plans mécaniques ou comprendre des modèles virtuels permet de rester conscient de leur compréhension. Réalité étendue (RA) : la RA superpose des données avancées sur cette réalité forte. Dans un environnement mécanique, la RA peut aider les étudiants à imaginer des plans complexes, comme des moteurs ou des structures. Imaginez des étudiants portant des lunettes AR et voyant des modèles 3D courants de pièces mécaniques pendant un modèle. Réalité créée sur PC (VR) : la réalité virtuelle pirate les étudiants dans un environnement véhiculé par PC. Pour le cap mécanique, la réalité virtuelle peut reconstituer des étages d'usine, des plans d'amélioration modérés ou beaucoup d'espace. Les étudiants peuvent voir l'équipement, les problèmes de recherche et les essais de soutien pratique dans un climat obtenu et contrôlé. Jeux électroniques : la gamification peut rendre incontestable l'apprentissage des évaluations mécaniques. Des jeux éclairants peuvent amener les étudiants à s'enfoncer dans des problèmes de coordination, à rassembler des structures ou à faire progresser des cadres mécaniques. En organisant les mécanismes de jeu, les instructeurs peuvent rester attentifs à la réalité et à l'inspiration.

Chapitre 7 : Véhicules indépendants : vers un avenir sans conducteur

Ces derniers temps, les véhicules indépendants sont apparus comme une innovation révolutionnaire offrant la possibilité de réformer la façon dont nous voyageons, conduisons et transportons des produits. Des véhicules et camions autonomes aux robots indépendants et robots de transport, l'essor des véhicules indépendants remodèle le destin du transport et de la polyvalence. Dans cette partie, nous étudierons la tournure des événements, les difficultés et les ramifications des véhicules indépendants alors que nous nous dirigeons vers un avenir sans conducteur.

À la pointe de l'innovation en matière de véhicules indépendants se trouvent les véhicules autonomes, qui utilisent un mélange de capteurs, de caméras, de radars et de calculs de conscience artificiels pour explorer les rues et la circulation sans médiation humaine. Des organisations comme Tesla, Waymo et Journey ouvrent la voie en créant et en testant des cadres de conduite indépendants qui garantissent de rendre les rues plus sécurisées, de réduire les embouteillages et d'augmenter la portabilité pour les individus de tout âge et de toute capacité. Ces véhicules autonomes peuvent changer le transport métropolitain, en offrant des avantages de polyvalence sur demande et des armadas de véhicules indépendants partagés qui complètent les déplacements publics et réduisent la dépendance à l'égard de la propriété confidentielle de véhicules. De plus, les véhicules indépendants sont prêts à modifier les facteurs coordonnés et l'industrie du transport en responsabilisant complètement des camions et des véhicules de transport indépendants qui peuvent travailler jour après jour sans avoir besoin de chauffeurs humains. Des organisations telles que Leave, TuSimple et Amazon créent des accords d'expédition indépendants qui garantissent une amélioration des compétences, réduisent les coûts et développent davantage le bien-être dans le transport de marchandises sur de longues distances. En robotisant les tâches de routine, telles que la conduite et l'acheminement, les camions indépendants peuvent modifier les opérations planifiées du réseau de production et bouleverser la façon dont les marchandises sont expédiées et transportées à travers le pays. De plus, les véhicules indépendants dépassent le transport routier conventionnel pour intégrer le transport aéronautique automatisé. des véhicules (UAV) et des drones capables d'explorer de manière indépendante l'espace aérien et de transporter de la main-d'œuvre et des produits vers des régions éloignées ou indisponibles. Des organisations telles qu'Amazon Prime Air et Google's Wing créent des systèmes de transport robotisés indépendants qui garantissent la réforme des opérations planifiées du dernier kilomètre et permettent un transport plus rapide et plus efficace des colis, des fournitures cliniques et des administrations de réaction aux crises. Ces robots indépendants peuvent changer des secteurs tels que les entreprises basées sur le Web, les services médicaux et l'aide en cas de catastrophe en assurant un transport rapide et sur demande aux clients et aux réseaux dans le besoin. Cependant, à mesure que les véhicules indépendants sont progressivement coordonnés dans nos cadres de transport, ils font également apparaître problèmes et difficultés importants liés à la sécurité, aux directives et à la morale. Les inquiétudes concernant la qualité et le bien-être inébranlables des cadres de conduite indépendante, les risques d'accidents et d'impacts, ainsi que les ramifications morales des choix de programmation, doivent être soigneusement prises en compte pour garantir que les véhicules indépendants soient envoyés de manière fiable et morale. En outre, les efforts visant à définir des structures administratives claires et des lignes directrices pour les tests et l'organisation indépendants des véhicules sont fondamentaux pour garantir la confiance du public dans cette technologie émergente. De plus, à mesure que les véhicules indépendants deviennent de plus en plus répandus dans nos rues et dans nos airs, ils peuvent remodeler les scènes métropolitaines et changer la façon dont nous planifions et planifions les communautés urbaines. Les véhicules indépendants pourraient entraîner des changements dans l'utilisation des terres, dans le cadre de l'abandon du cadre et dans les organisations de transport, à mesure que les zones urbaines s'adaptent pour nécessiter de nouvelles méthodes de polyvalence et diminuer la dépendance à l'égard de la propriété de véhicules confidentiels. En outre, les véhicules indépendants peuvent accroître davantage l'accès aux transports pour les réseaux mal desservis, réduire les émanations de substances appauvrissant la couche d'ozone et ouvrir de nouvelles portes ouvertes à la tournure financière des événements et à l'équité sociale. En fin de compte, les véhicules indépendants nous conduisent vers un avenir où les transports est plus sûr, plus efficace et plus ouvert à tous. Des véhicules et camions autonomes aux robots indépendants et robots de transport, l'essor des véhicules indépendants remodèle la façon dont nous transportons les marchandises et les individus, offrant de nouvelles portes ouvertes au développement et aux perturbations dans le secteur du transport. Alors que nous continuons à explorer la rue vers un avenir sans conducteur, restons conscients des précieuses portes ouvertes et des difficultés que présentent les véhicules indépendants, et travaillons ensemble pour garantir que cette innovation extraordinaire profite à la société dans son ensemble. en ce qui concerne la propulsion, on s'intéresse de plus en plus à l'étude de ses applications attendues dans différents domaines au-delà des transports, notamment l'agriculture, le développement et la sécurité publique. Des robots et des robots indépendants, équipés de capteurs et de calculs d'intelligence artificielle, sont utilisés pour cribler les cultures, évaluer les fondations et répondre aux crises dans des conditions éloignées ou dangereuses. Ces cadres indépendants offrent de nouvelles portes ouvertes pour accroître l'efficacité, réduire les coûts et développer davantage la sécurité dans une grande variété d'industries. De plus, les véhicules indépendants peuvent changer notre façon de considérer la portabilité et la disponibilité pour les personnes handicapées et confrontées à des problèmes de polyvalence. Les véhicules autonomes et les transports indépendants équipés de fonctionnalités accessibles en fauteuil roulant et d'avancées d'assistance offrent des opportunités supplémentaires de déplacement autonome et de réconciliation locale pour les personnes handicapées. En offrant des services de transport de porte à porte sur demande, les véhicules indépendants peuvent améliorer la satisfaction personnelle et la considération sociale des personnes ayant des difficultés de portabilité. De plus, à mesure que les véhicules indépendants deviennent plus courants dans nos rues et dans nos communautés urbaines, ils créent d'énormes quantités d'informations qui peuvent être utilisées pour développer davantage les cadres de transport et la préparation métropolitaine.diminuer les émanations de substances appauvrissant la couche d'ozone et ouvrir de nouvelles portes ouvertes à la tournure financière des événements et à l'équité sociale. En fin de compte, les véhicules indépendants nous conduisent vers un avenir où les transports sont plus sûrs, plus efficaces et plus ouverts à tous. Des véhicules et camions autonomes aux robots indépendants et robots de transport, l'essor des véhicules indépendants remodèle la façon dont nous transportons les marchandises et les individus, offrant de nouvelles portes ouvertes au développement et aux perturbations dans le secteur du transport. Alors que nous continuons à explorer la rue vers un avenir sans conducteur, restons conscients des précieuses portes ouvertes et des difficultés que présentent les véhicules indépendants, et travaillons ensemble pour garantir que cette innovation extraordinaire profite à la société dans son ensemble. en ce qui concerne la propulsion, on s'intéresse de plus en plus à l'étude de ses applications attendues dans différents domaines au-delà des transports, notamment l'agriculture, le développement et la sécurité publique. Des robots et des robots indépendants, équipés de capteurs et de calculs d'intelligence artificielle, sont utilisés pour cribler les cultures, évaluer les fondations et répondre aux crises dans des conditions éloignées ou dangereuses. Ces cadres indépendants offrent de nouvelles portes ouvertes pour accroître l'efficacité, réduire les coûts et développer davantage la sécurité dans une grande variété d'industries. De plus, les véhicules indépendants peuvent changer notre façon de considérer la portabilité et la disponibilité pour les personnes handicapées et confrontées à des problèmes de polyvalence. Les véhicules autonomes et les transports indépendants équipés de fonctionnalités accessibles en fauteuil roulant et d'avancées d'assistance offrent des opportunités supplémentaires de déplacement autonome et de réconciliation locale pour les personnes handicapées. En offrant des services de transport de porte à porte sur demande, les véhicules indépendants peuvent améliorer la satisfaction personnelle et la considération sociale des personnes ayant des difficultés de portabilité. De plus, à mesure que les véhicules indépendants deviennent plus courants dans nos rues et dans nos communautés urbaines, ils créent d'énormes quantités d'informations qui peuvent être utilisées pour développer davantage les cadres de transport et la préparation métropolitaine.diminuer les émanations de substances appauvrissant la couche d'ozone et ouvrir de nouvelles portes ouvertes à la tournure financière des événements et à l'équité sociale. En fin de compte, les véhicules indépendants nous conduisent vers un avenir où les transports sont plus sûrs, plus efficaces et plus ouverts à tous. Des véhicules et camions autonomes aux robots indépendants et robots de transport, l'essor des véhicules indépendants remodèle la façon dont nous transportons les marchandises et les individus, offrant de nouvelles portes ouvertes au développement et aux perturbations dans le secteur du transport. Alors que nous continuons à explorer la rue vers un avenir sans conducteur, restons conscients des précieuses portes ouvertes et des difficultés que présentent les véhicules indépendants, et travaillons ensemble pour garantir que cette innovation extraordinaire profite à la société dans son ensemble. en ce qui concerne la propulsion, on s'intéresse de plus en plus à l'étude de ses applications attendues dans différents domaines au-delà des transports, notamment l'agriculture, le développement et la sécurité publique. Des robots et des robots indépendants, équipés de capteurs et de calculs d'intelligence artificielle, sont utilisés pour cribler les cultures, évaluer les fondations et répondre aux crises dans des conditions éloignées ou dangereuses. Ces cadres indépendants offrent de nouvelles portes ouvertes pour accroître l'efficacité, réduire les coûts et développer davantage la sécurité dans une grande variété d'industries. De plus, les véhicules indépendants peuvent changer notre façon de considérer la portabilité et la disponibilité pour les personnes handicapées et confrontées à des problèmes de polyvalence. Les véhicules autonomes et les transports indépendants équipés de fonctionnalités accessibles en fauteuil roulant et d'avancées d'assistance offrent des opportunités supplémentaires de déplacement autonome et de réconciliation locale pour les personnes handicapées. En offrant des services de transport de porte à porte sur demande, les véhicules indépendants peuvent améliorer la satisfaction personnelle et la considération sociale des personnes ayant des difficultés de portabilité. De plus, à mesure que les véhicules indépendants deviennent plus courants dans nos rues et dans nos communautés urbaines, ils créent d'énormes quantités d'informations qui peuvent être utilisées pour développer davantage les cadres de transport et la préparation métropolitaine.Alors que l'innovation en matière de véhicules indépendants continue de se propulser, on s'intéresse de plus en plus à l'étude de ses applications attendues dans différents domaines au-delà des transports, notamment l'agriculture, le développement et la sécurité publique. Des robots et des robots indépendants, équipés de capteurs et de calculs d'intelligence artificielle, sont utilisés pour cribler les cultures, évaluer les fondations et répondre aux crises dans des conditions éloignées ou dangereuses. Ces cadres indépendants offrent de nouvelles portes ouvertes pour accroître l'efficacité, réduire les coûts et développer davantage la sécurité dans une grande variété d'industries. De plus, les véhicules indépendants peuvent changer notre façon de considérer la portabilité et la disponibilité pour les personnes handicapées et confrontées à des problèmes de polyvalence. Les véhicules autonomes et les transports indépendants équipés de fonctionnalités accessibles en fauteuil roulant et d'avancées d'assistance offrent des opportunités supplémentaires de déplacement autonome et de réconciliation locale pour les personnes handicapées. En offrant des services de transport de porte à porte sur demande, les véhicules indépendants peuvent améliorer la satisfaction personnelle et la considération sociale des personnes ayant des difficultés de portabilité. De plus, à mesure que les véhicules indépendants deviennent plus courants dans nos rues et dans nos communautés urbaines, ils créent d'énormes quantités d'informations qui peuvent être utilisées pour développer davantage les cadres de transport et la préparation métropolitaine.Alors que l'innovation en matière de véhicules indépendants continue de se propulser, on s'intéresse de plus en plus à l'étude de ses applications attendues dans différents domaines au-delà des transports, notamment l'agriculture, le développement et la sécurité publique. Des robots et des robots indépendants, équipés de capteurs et de calculs d'intelligence artificielle, sont utilisés pour cribler les cultures, évaluer les fondations et répondre aux crises dans des conditions éloignées ou dangereuses. Ces cadres indépendants offrent de nouvelles portes ouvertes pour accroître l'efficacité, réduire les coûts et développer davantage la sécurité dans une grande variété d'industries. De plus, les véhicules indépendants peuvent changer notre façon de considérer la portabilité et la disponibilité pour les personnes handicapées et confrontées à des problèmes de polyvalence. Les véhicules autonomes et les transports indépendants équipés de fonctionnalités accessibles en fauteuil roulant et d'avancées d'assistance offrent des opportunités supplémentaires de déplacement autonome et de réconciliation locale pour les personnes handicapées. En offrant des services de transport de porte à porte sur demande, les véhicules indépendants peuvent améliorer la satisfaction personnelle et la considération sociale des personnes ayant des difficultés de portabilité. De plus, à mesure que les véhicules indépendants deviennent plus courants dans nos rues et dans nos communautés urbaines, ils créent d'énormes quantités d'informations qui peuvent être utilisées pour développer davantage les cadres de transport et la préparation métropolitaine.

En examinant les informations recueillies à partir de capteurs, de caméras et de différentes sources, les organisateurs des transports et les décideurs politiques peuvent acquérir des expériences en matière de conception du trafic, de zones de blocage d'intérêt et de conduite des déplacements, ce qui leur permet de tirer des conclusions éclairées sur les projets-cadres et les approches de transport. En outre, les véhicules indépendants peuvent communiquer entre eux et avec des cadres de base astucieux pour améliorer la fluidité du trafic, réduire les accidents et améliorer globalement l'efficacité des transports. Cependant, de même, pour toute innovation problématique, l'accueil généralisé des véhicules indépendants présente également des difficultés. et les dangers potentiels auxquels il faut prêter attention. Les préoccupations concernant la sécurité, la protection et l'assurance des informations des réseaux doivent être prises en compte afin de garantir la fiabilité et la sécurité des cadres de véhicules indépendants et des informations qu'ils créent. En outre, les progrès vers des véhicules indépendants pourraient avoir des suggestions pour les marchés des affaires et du travail, en particulier pour les travailleurs des entreprises, par exemple dans les transports et les opérations coordonnées, qui pourraient être déracinés par l'automatisation. De plus, les contemplations morales liées aux calculs dynamiques et aux problèmes moraux devraient être minutieusement étudiées. considéré comme garantissant que les véhicules indépendants se concentrent sur la sécurité humaine et la prospérité en toutes circonstances. Les enquêtes concernant les risques et la responsabilité en cas d'incidents ou de déceptions des cadres de véhicules indépendants doivent également être traitées pour garantir que des systèmes légitimes appropriés sont mis en place pour sauvegarder les privilèges et les intérêts de toutes les parties impliquées. En fin de compte, les véhicules indépendants nous conduisent vers un un avenir où les transports seront plus sûrs, plus productifs et plus ouverts à tous. Des véhicules et camions autonomes aux robots indépendants et robots de transport, l'essor des véhicules indépendants remodèle la façon dont nous transportons les marchandises et les individus, offrant de nouvelles portes ouvertes pour l'avancement et la perturbation dans le secteur du transport. Alors que nous continuons à explorer la rue vers un avenir sans conducteur, restons conscients des portes ouvertes potentielles et des difficultés que présentent les véhicules indépendants, et travaillons ensemble pour garantir que cette innovation extraordinaire profite à la société en général.

Naviguer sur les routes avec des véhicules alimentés par l'IA

Les progrès de la conscience artificielle (intelligence artificielle) dans l'avancement des véhicules indépendants ont changé notre façon d'imaginer le transport. Et si nous étudiions comment l'intelligence artificielle façonne le destin éventuel des véhicules autonomes et rend les rues plus sûres et plus productives ? Pensée humaine pour un itinéraire indépendant : les spécialistes du MIT ont créé un cadre qui permet aux véhicules sans conducteur d'explorer de nouvelles conditions complexes en utilisant uniquement des guides de base et des informations visuelles.

Les conducteurs humains dépendent de la perception et des appareils de base pour explorer de nouvelles rues. Ils font correspondre ce qu'ils voient autour d'eux aux données GPS. Il est intéressant de noter que les véhicules sans conducteur luttent contre cette réflexion essentielle. Ils doivent d'abord planifier et examiner les nouvelles rues, ce qui est fastidieux. Le cadre du MIT « maîtrise » les exemples de conducteurs humains alors qu'ils explorent une petite région. Il utilise un caméscope et un guide simple de type GPS. Une fois préparé, le cadre a un certain contrôle sur un véhicule sans conducteur le long d'un parcours organisé dans une nouvelle région brillante en imitant le conducteur humain. Il identifie également les confusions entre son guide et les points forts de la rue, lui permettant d'aborder son parcours. Applications de l'intelligence artificielle dans les véhicules indépendants : L'intelligence simulée joue un rôle essentiel dans différentes parties des véhicules indépendants : Discernement : les calculs d'intelligence informatisés déchiffrent les informations des capteurs des caméras, du lidar, du radar et de différents capteurs pour comprendre le climat. Direction : l'intelligence simulée aide les véhicules à poursuivre des options de séparation ultérieure en fonction des entrées des capteurs, des conditions de circulation et des considérations de sécurité. Combinaison de capteurs : l'intelligence informatique consolide les informations provenant de divers capteurs pour offrir une perspective approfondie des facteurs environnementaux. Planification et limitation : l'intelligence simulée aide à créer et à actualiser des guides, ainsi qu'à décider de la zone exacte du véhicule. L'objectif est de réaliser un parcours copieux et indépendant dans des conditions nouvelles. Par exemple, un cadre prêt à conduire dans un environnement métropolitain devrait explorer facilement des régions luxuriantes qu'il n'a jamais vues. Sécurité et confort : les calculs de l'intelligence artificielle anticipent les activités des autres clients de la rue, garantissant des collaborations sécurisées. Les véhicules autonomes tirent constamment profit des nouvelles situations et s'adaptent aux conditions changeantes de la rue. En s'appuyant sur l'intelligence artificielle, les véhicules indépendants améliorent la sécurité et offrent aux voyageurs un aperçu agréable du voyage.

Chapitre 8 : Mécanique avancée et agriculture : développer les compétences et la supportabilité

Dernièrement, la technologie mécanique est devenue un moteur essentiel du développement de l'horticulture, offrant aux éleveurs de nouveaux instruments et avancées pour développer davantage l'efficacité, réduire les coûts de travail et limiter les effets naturels. Des véhicules de travail indépendants et robots aux collecteurs et désherbeurs mécaniques, l'intégration de la technologie mécanique dans l'agro-industrie change la façon dont les rendements sont plantés, entretenus et récoltés. Dans cette section, nous étudierons le travail de la technologie mécanique dans l'agro-industrie et développerons la maîtrise et la capacité de soutien du potentiel de production alimentaire. À la pointe de la technologie mécanique en horticulture se trouvent des véhicules et des robots indépendants qui permettent des méthodes de culture précises, par exemple la culture à taux de facteur, l'application de pesticides désignés et l'observation du rendement. Les véhicules de travail indépendants équipés de GPS et de capteurs peuvent explorer les champs avec précision, semer des graines et appliquer du fumier ou des pesticides avec une précision et une productivité idéales. En outre, les drones équipés de caméras et de capteurs peuvent recueillir des symboles et des informations de haut niveau sur les récoltes, les conditions du sol et la variabilité des champs, permettant ainsi aux éleveurs de tirer des conclusions éclairées sur le système d'eau, la préparation et les nuisances des dirigeants. En outre, des mécaniciens avancés réforment la collecte des récoltes et prennent en charge les cycles, permettant une récolte plus rapide et plus efficace avec des nécessités de travail réduites. Les collecteurs automatisés équipés de cadres de vision et de bras mécaniques peuvent collecter spécifiquement les produits du sol prêts avec précision, limitant ainsi le gaspillage et augmentant le rendement. En outre, des cadres mécaniques permettant d'organiser, d'évaluer et de presser les rendements permettent aux éleveurs de traiter et de regrouper les produits rassemblés rapidement et efficacement, réduisant ainsi les malheurs après la récolte et développant davantage la qualité des produits et la durée d'utilisation. En outre, la technologie mécanique est utilisée pour remédier aux lacunes du travail et à l'augmentation des coûts du travail dans l'horticulture via la robotisation d'activités ennuyeuses et vraiment exigeantes, telles que le désherbage, la taille et la diminution. Les désherbeurs mécaniques équipés de caméras et de calculs intelligents peuvent distinguer et éliminer les mauvaises herbes avec précision, réduisant ainsi le besoin d'herbicides composés et de travail physique. Essentiellement, les cadres d'élagage mécanique peuvent gérer les plantes et les arbres avec précision, faisant progresser la création de produits naturels et réduisant les coûts de travail pour les cultivateurs. En outre, l'innovation mécanique avancée permet d'améliorer les cadres de culture en intérieur comme les ranchs verticaux et les pépinières de réservoirs, où les récoltes sont remplies dans des conditions contrôlées sous un faux éclairage et des cadres de contrôle de l'environnement. Des robots indépendants et des cadres de transport sont utilisés pour déplacer et surveiller les plantes tout au long du système de développement, depuis la génération des semis jusqu'à la collecte et le regroupement.

Ces cadres de culture en intérieur offrent des avantages, par exemple une production toute l'année, des rendements de récolte plus élevés et une utilisation réduite de l'eau et des pesticides par rapport aux méthodes de culture habituelles en plein air. Cependant, à mesure que l'innovation mécanique avancée continue de se propulser, elle soulève également des problèmes importants. et les difficultés liées à l'accueil, aux orientations et aux ramifications culturelles. Les inquiétudes concernant le coût et l'ouverture de l'innovation en mécanique avancée pour les éleveurs familiaux et à portée limitée, ainsi que le potentiel de suppression de travail dans les réseaux provinciaux, devraient être soigneusement étudiées pour garantir que les avantages de la mécanique avancée dans l'agriculture soient diffusés de manière impartiale. En outre, les efforts visant à répondre aux considérations morales et naturelles, telles que l'utilisation de pesticides et la conception héréditaire liée à la mécanique avancée, sont fondamentaux pour faire progresser les pratiques agricoles durables et fiables. En fin de compte, la mécanique avancée change l'horticulture en offrant aux éleveurs de nouveaux dispositifs et innovations pour développer davantage l'efficacité, l'efficience et la gérabilité de la création alimentaire. Des véhicules indépendants et robots pour une culture de précision aux cueilleurs automatisés et aux cadres de culture en intérieur, la combinaison de mécanismes avancés en horticulture change la façon dont les rendements sont développés, récoltés et rendus dus. Alors que nous continuons à exploiter la force de la mécanique avancée dans l'horticulture, restons concentrés sur l'avancement de répétitions de culture complètes et maintenables qui profitent à la fois aux éleveurs, aux acheteurs et au climat. De plus, à mesure que l'innovation en mécanique avancée continue de se développer, il y a un intérêt croissant pour étudier ses applications possibles pour relever les défis mondiaux de la sécurité alimentaire et garantir l'accès à une alimentation nutritive et raisonnable pour tous. Les arrangements basés sur la technologie mécanique, tels que les ranchs verticaux informatisés, les cadres d'aquaculture et les cadres aquaponiques, ouvrent la porte à la création alimentaire toute l'année dans les régions métropolitaines et péri-métropolitaines, réduisant ainsi la dépendance à l'égard de l'agriculture coutumière et élargissant la polyvalence alimentaire des quartiers. En outre, l'innovation mécanique avancée peut jouer un rôle urgent dans l'amélioration de l'efficacité et de la flexibilité des zones rurales malgré les changements environnementaux, en permettant aux éleveurs de s'adapter aux circonstances naturelles changeantes et d'atténuer les effets des événements climatiques scandaleux. En outre, la technologie mécanique fonctionne avec une dynamique axée sur l'information dans l'horticulture en permettant aux éleveurs de rassembler et de disséquer d'énormes quantités d'informations provenant de capteurs, de drones et de différentes sources pour améliorer les répétitions des dirigeants du ranch et développer davantage les rendements des cultures. En utilisant les calculs de l'IA et les enquêtes prémonitoires, les éleveurs peuvent acquérir des expériences en matière de bien-être des cultures, de richesse des sols et de conditions météorologiques, ce qui leur permet de tirer des conclusions éclairées sur la plantation, les systèmes d'eau et les nuisances des dirigeants. En outre, L'innovation mécanique avancée peut permettre aux éleveurs d'exécuter des stratégies agro-industrielles précises, par exemple, la récolte explicite des cadres sur site et l'application à taux variable, améliorant ainsi l'utilisation des actifs et limitant l'impact écologique. De plus, la technologie mécanique stimule les progrès dans les travaux agricoles innovants, responsabilisant les chercheurs et les scientifiques. favoriser de nouveaux assortiments de récoltes, procédures d'élevage et pratiques agronomiques afin de développer davantage la force des cultures, la qualité nourrissante et le rendement. La mécanique avancée a renforcé les étapes de phénotypage, par exemple, permettant aux scientifiques de cribler et d'évaluer rapidement un grand nombre de caractéristiques des plantes, contribuant ainsi à accélérer la production des récoltes avec une résilience accrue à la saison sèche, une résistance aux maladies et une substance saine. De plus, les cadres automatisés pour la reproduction des plantes et les propositions de conception héréditaire ouvrent la porte à un contrôle précis et désigné des génomes des plantes afin d'améliorer les qualités et les attributs recherchés. En outre, l'innovation en mécanique avancée cultive la coopération et l'échange d'informations entre les éleveurs, les spécialistes et les partenaires industriels, par le biais, par exemple, d'étapes de mécanique avancée open source, d'espaces de producteurs et d'organisations d'examen coopératif. En partageant leurs atouts, leurs aptitudes et leurs meilleures pratiques, les partenaires peuvent accélérer la tournure des événements et la réception des innovations mécaniques avancées dans l'agro-industrie et résoudre les problèmes et obstacles normaux à l'exécution. En outre, les efforts visant à faire progresser la construction de limites et l'innovation dans l'enseignement et la préparation en mécanique avancée sont fondamentaux pour préparer les éleveurs et les experts en horticulture avec les capacités et les informations dont ils ont besoin pour maîtriser les capacités des mécaniciens avancés en agriculture. Cependant, de la même manière, comme pour toute innovation difficile , l'accueil généralisé de la mécanique avancée dans l'agro-industrie présente en outre des difficultés et des dangers potentiels dont il convient de tenir compte. Les préoccupations concernant la protection et la sécurité des informations, les libertés d'innovation sous licence et la cohérence administrative doivent être soigneusement prises en compte pour garantir que les éleveurs et les partenaires sont protégés et que l'innovation mécanique avancée est envoyée de manière fiable et morale. En outre, les efforts visant à remédier à la séparation avancée et à garantir un accès équitable à l'innovation technologique mécanique pour les éleveurs des pays émergents et aux réseaux sous-estimés sont fondamentaux pour faire progresser le développement horticole global et économique. En fin de compte, la technologie mécanique change l'agro-industrie en offrant aux éleveurs de nouveaux appareils et avancées. pour développer davantage l'efficacité, la gérabilité et la flexibilité dans la création alimentaire. De la culture de précision et de la production de décisions fondées sur l'information à l'exploration inventive et aux efforts coordonnés, l'intégration de la technologie mécanique dans l'agro-industrie change la façon dont nous développons, récoltons et supervisons les cultures. Alors que nous continuons à équiper la force de la technologie mécanique dans l'agro-industrie, restons concentrés sur la promotion de pratiques de culture complètes et maintenables qui profitent de la même manière aux éleveurs, aux acheteurs et au climat.

Cultiver la précision et la transformation rurale

Renforcer la différence modernisée dans l'agro-industrie et les territoires communs : La Commission européenne pour l'agro-industrie a souligné l'importance d'un changement de pointe dans les zones de culture et les zones nationales. Les développements actuels de l'information et de la correspondance (TIC) jouent un rôle crucial en permettant aux agriculteurs de travailler de manière encore plus claire, plus compétente et plus financièrement.

Ces avancées s'associent également aux créateurs et aux clients de nouvelles manières, offrant des choix plus visibles et plus simples. Quoi qu'il en soit, les districts ordinaires d'Europe et d'Asie centrale sont confrontés à des changements pour adopter de nouvelles avancées en raison de la structure fragile, de la modération, de la non-assistance aux soins, des capacités électroniques et des problèmes d'autorité. Pour résoudre ce problème, le Bureau régional de la FAO pour l'Europe et l'Asie centrale a élaboré une vaste action de proximité destinée à organiser la science, l'amélioration et les approches mécanisées. Facteurs déterminants du changement rural : Le changement naturel rappelle les changements dans les occupations, l'utilisation des terres et les associations entre les districts métropolitains et banals. Les principaux objectifs principaux intègrent les facteurs naturels : ceux-ci affectent les changements directs et flexibles de la famille, propulsant les occupations rurales et le changement d'utilisation des terres à partir de 1980 environ. Entreprises foncières : l'échange de ces points de vue entraîne l'amélioration des associations de nations métropolitaines. Fragilité des ressources et exécution liée à l'argent : Les chercheurs ont perçu une association causale à sens unique entre l'instabilité des ressources et l'exécution monétaire. Cela met en évidence l'importance de superviser les ressources réellement pour un développement utile. Défis courants du changement métropolitain : les processus de changement métropolitain rapide des pays ont un impact sur les flux de matières, les tâches de ressources et le fonctionnement du cadre naturel. Les changements dans la population dispersée le long de la pente métropolitaine du pays devraient jouer un rôle fondamental dans l'encadrement de ces mouvements..

Chapitre 9 : La robotique dans les interventions en cas de catastrophe : améliorer la sécurité et les opérations de sauvetage

Malgré les événements catastrophiques, les incidents et les crises, la technologie mécanique est devenue un dispositif de base pour améliorer la sécurité et la maîtrise des tâches de sauvetage et de réaction aux catastrophes. Des robots de recherche et de sauvetage aux véhicules volants automatisés (UAV), en passant par les véhicules télétravaillés (ROV) et les robots indépendants, l'innovation mécanique avancée réforme la façon dont les intervenants en cas de crise évaluent les dégâts, trouvent les survivants et acheminent l'aide dans les régions touchées par des catastrophes. Dans cette section, nous étudierons le travail de la mécanique avancée dans une réaction de fiasco et son effet sur l'amélioration des opérations de sécurité et de sauvetage. À l'avant-garde de la technologie mécanique dans les réactions en cas de catastrophe se trouvent des robots de recherche et de sauvetage équipés de capteurs, de caméras et de cadres de correspondance qui donnez-leur les moyens d'explorer des conditions dangereuses et de retrouver des survivants coincés dans des décombres, des ordures ou des structures effondrées. Ces robots peuvent atteindre des espaces délimités, des conceptions fragiles et différentes régions bloquées ou excessivement risquées pour les héros humains, offrant ainsi une pleine conscience de la situation et travaillant sur la compétence et l'adéquation des opérations de recherche et de sauvetage. De plus, des véhicules éthérés automatisés (UAV) et des drones sont utilisés pour surveiller les régions touchées par la débâcle depuis un endroit plus élevé, offrant un symbolisme volant, une planification 3D et des informations d'imagerie chaleureuse pour aider les intervenants en cas de crise à évaluer les dommages, à distinguer les périls et à se concentrer sur les efforts de sauvetage. Les drones équipés de caméras et de capteurs de grande précision peuvent surveiller rapidement et efficacement de vastes zones terrestres, océaniques ou urbaines, permettant ainsi aux intervenants d'identifier les survivants, d'évaluer les dommages causés aux fondations et de planifier les parcours de départ en temps réel. De plus, les véhicules télétravaillés (ROV)) et des véhicules immergés indépendants (AUV) sont envoyés dans des situations de réaction en cas de catastrophe, par exemple lors d'accidents en mer, de marées noires et de tâches de recherche et de sauvetage immergées. Ces robots immergés peuvent explorer les conditions immergées, examiner les conceptions abaissées et recueillir des informations et des tests sur le fond marin, donnant ainsi des expériences importantes sur le degré de danger et d'effet écologique et éclairant la prise de décision par les intervenants en cas de crise et les agences naturelles. De plus, l'innovation mécanique avancée est permettre le développement d'exosquelettes automatisés et de gadgets portables qui améliorent la force, la persévérance et la portabilité des spécialistes de garde en cas de malheur. Ces cadres mécaniques avancés portables peuvent aider les pompiers, les ambulanciers paramédicaux et autres professeurs de crise à transporter de lourds fardeaux, à explorer des territoires désagréables et à effectuer des tâches exigeantes, réduisant ainsi le risque de blessures et de lassitude et permettant aux intervenants de travailler encore plus efficacement dans des environnements de test. , la technologie mécanique fonctionne avec la correspondance et la coordination entre les intervenants en cas de crise et les organisations utilisant des véhicules terrestres automatisés (UGV) et des robots portables dotés de capacités de correspondance et d'administration de systèmes.Ces robots peuvent agir comme des centres de correspondance portables, transférant des messages, envoyant des informations et planifiant des efforts de réaction dans des régions dont les bases de correspondance sont restreintes ou perturbées. En outre, les robots équipés de fournitures cliniques, d'eau et d'autres ressources fondamentales peuvent transporter de l'aide dans des zones éloignées ou difficiles d'accès, apportant ainsi une aide aux survivants et allégeant le poids des services de crise détruits. Cependant, à mesure que l'innovation technologique mécanique continue de se propulser, elle soulève également des problèmes et des difficultés importants liés à la moralité, à la sécurité et à la responsabilité dans les tâches de réaction aux malheurs. Les inquiétudes concernant l'utilisation morale de la mécanique avancée, y compris des questions telles que la protection de l'information, la reconnaissance et le potentiel d'effets secondaires invisibles, devraient être soigneusement prises en compte pour garantir que l'innovation en mécanique avancée soit envoyée de manière compétente et morale dans des circonstances de catastrophe. En outre, les efforts visant à établir des règles et des conventions claires pour l'utilisation de la mécanique avancée dans la réaction aux malheurs, ainsi qu'à préparer et limiter le travail des intervenants en cas de crise, sont fondamentaux pour garantir que l'innovation en mécanique avancée est coordonnée avec succès dans les cadres du conseil d'administration en cas de crise et s'ajoute à des résultats positifs pour les survivants et les réseaux touchés par les catastrophes. En fin de compte, les mécanismes avancés modifient les réactions à la débâcle en donnant aux intervenants en cas de crise de nouveaux appareils et des avancées pour améliorer la sécurité, la compétence et la viabilité des tâches de sauvetage. Des robots et robots de recherche et de sauvetage aux véhicules immergés et gadgets portables, l'innovation mécanique avancée change la façon dont nous nous préparons et répondons aux calamités, sauvant des vies et atténuant l'effet des crises sur les réseaux partout dans le monde. Alors que nous continuons à équiper la force de la mécanique avancée pour réagir aux catastrophes, restons concentrés sur la promotion d'une utilisation morale et fiable de l'innovation et sur la garantie que l'innovation technologique mécanique aide tous les individus, en particulier ceux qui sont généralement impuissants face aux calamités et aux urgences. l'innovation continue de se développer, on s'intéresse de plus en plus à l'étude de ses applications probables pour développer davantage la préparation au fiasco et la flexibilité dans les réseaux faibles. Les cadres mécaniques basés sur la technologie, par exemple les cadres de préavis, les organismes de contrôle des inondations et les cadres de localisation des avalanches, offrent des portes ouvertes pour une reconnaissance et une réaction précoces aux périls normaux, permettant ainsi aux réseaux de prendre des mesures proactives pour réduire les risques et modérer l'effet des calamités. . De plus, l'innovation mécanique avancée peut contribuer aux efforts de préparation et de réaction à la débâcle au niveau local en fournissant aux occupants du quartier les informations et les appareils dont ils ont besoin pour répondre réellement aux crises et se protéger ainsi que leurs communautés.Advanced Mechanical travaille avec un effort coordonné et une collaboration mondiale dans la réaction aux catastrophes à travers des initiatives telles que la rivalité mondiale de technologie mécanique pour les robots de récupération (RoboCup Salvage) et le défi de technologie mécanique DARPA. Ces rivalités unissent des groupes de spécialistes, d'architectes et d'intervenants en cas de crise du monde entier pour créer et tester des cadres mécaniques destinés à des situations de réaction catastrophique telles que des tremblements de terre, des incendies violents et des accidents atomiques. En cultivant les efforts coordonnés et l'échange d'informations entre partenaires, ces concours accélèrent la tournure des événements et l'organisation de l'innovation mécanique avancée dans la réaction aux calamités et ajoutent aux résultats développés davantage pour les survivants et les réseaux touchés par les fiascos. En outre, l'innovation en mécanique avancée est coordonnée dans les activités de préparation et de reproduction des réactions aux catastrophes afin d'améliorer l'état de préparation et les capacités des intervenants en cas de crise. Les reconstitutions de réalité générée par ordinateur (RV) et de réalité élargie (AR) permettent aux intervenants de répéter et d'affiner leurs capacités dans des situations de fiasco raisonnables, en travaillant sur leur capacité à explorer avec succès des conditions complexes, à parler avec des collègues et à prendre des décisions sous tension. En offrant des rencontres de préparation vives et intuitives, la mécanique avancée a permis aux reproductions d'aider les intervenants à renforcer leur certitude et leur capacité dans les tâches de réaction en cas de malheur, travaillant enfin sur leur statut pour répondre à de véritables urgences. De plus, l'innovation en mécanique avancée permet l'amélioration des capacités indépendantes et semi-automatiques. - des cadres indépendants pour la réaction aux calamités, des facteurs coordonnés et un réseau de production pour les dirigeants. Les véhicules terrestres automatisés (UGV) et les robots aéronautiques équipés de structures de transport de marchandises peuvent déplacer des fournitures fondamentales telles que de la nourriture, de l'eau, des fournitures cliniques et du matériel de refuge vers les régions touchées par des catastrophes, même dans les zones reculées ou difficiles d'accès. Ces cadres d'opérations mécaniques permettent un acheminement rapide et productif de l'aide aux survivants et aux populations déracinées, réduisant ainsi la dépendance à l'égard des chaînes de stockage conventionnelles et travaillant sur le caractère pratique et l'adéquation des efforts de réaction aux catastrophes. Cependant, de même, pour toute innovation gênante, la réception illimitée de la technologie mécanique une réaction fiasco présente en outre des difficultés et des dangers potentiels dont il convient de tenir compte. Les préoccupations concernant l'interopérabilité, la normalisation et la similarité entre les différents cadres et étapes mécaniques doivent être prises en compte afin de garantir une combinaison et une coordination cohérentes dans les activités de réaction à la débâcle multi-organisationnelles. En outre, les efforts visant à aborder les considérations morales et juridiques, telles que la responsabilité et la responsabilité des activités mécaniques en cas de catastrophe, sont fondamentaux pour faire progresser l'utilisation compétente et morale de l'innovation mécanique avancée dans la gestion des crises.la mécanique avancée modifie les réactions aux catastrophes en fournissant aux intervenants de crise de nouveaux appareils et innovations pour améliorer la sécurité, la productivité et l'adéquation des tâches de sauvetage. Des robots et robots de recherche et de sauvetage aux cadres stratégiques et à la préparation de reconstitutions, l'innovation en mécanique avancée change la façon dont nous planifions et répondons aux calamités, sauvant des vies et atténuant l'effet des crises sur les réseaux partout dans le monde. Alors que nous continuons à maîtriser la force de la mécanique avancée dans une réaction fiasco, restons concentrés sur la promotion des efforts conjoints, du développement et de l'utilisation efficace de l'innovation pour fabriquer des réseaux polyvalents et réalisables, capables de résister et de se remettre des catastrophes et des crises.

Déployer des robots dans des situations d'urgence

Les robots jouent un rôle essentiel dans les situations de réaction de crise, aidant les spécialistes de garde à explorer les conditions périlleuses et à soulager les opportunités. Voici quelques manières par lesquelles les robots sont transportés dans des circonstances de crise : Activités de recherche et de récupération : Les robots peuvent explorer les déchets, les conceptions instables et d'autres régions à risque pour rechercher des survivants après des catastrophes telles que des tremblements de terre ou des pannes de bâtiments. Ils présentent des films aéronautiques de base et une pleine conscience de la situation, aidant les intervenants à évaluer rapidement ce qui se passe et donnant des conseils sur la gestion des matières dangereuses : les robots peuvent traiter des substances dangereuses, comme des matières synthétiques toxiques ou des matières radioactives, réduisant ainsi le risque pour les intervenants humains. Ils peuvent pénétrer dans des régions où il est risqué pour les gens, limitant ainsi les possibilités de blessures ou de méfaits. Détection à distance et assortiment d'informations : les robots éthérés et les robots terrestres collectent des informations sur les régions frappées par des catastrophes, aidant ainsi les intervenants à faire des choix éclairés. Ils capturent des images, des enregistrements et des informations provenant de capteurs, fournissant ainsi des informations importantes pour mettre en crise les dirigeants. Correspondance et coordination : Les robots peuvent constituer des réseaux de correspondance dans des régions aux cadres perturbés. Ils transfèrent des données entre les intervenants, développant ainsi davantage la coordination pendant les crises. Enquête sur les fondations et évaluation des dommages : les robots examinent l'état des structures, des travées et des différentes conceptions après des débâcles. Ils distinguent les dommages principaux, les déversements ou autres dangers, permettant ainsi aux intervenants de se concentrer sur leurs efforts. Opérations et soutien : les robots aident à coordonner les facteurs, à expédier des fournitures, du matériel clinique et d'autres éléments de base vers les régions touchées. Ils laissent libre cours aux intervenants humains pour se concentrer sur les tâches de base tout en s'occupant des opérations de routine.

Chapitre 10 : La morale de la mécanique avancée : tendre vers les ramifications morales et sociales

À mesure que les innovations en matière de technologie mécanique et d'intelligence artificielle (intelligence informatique) continuent de progresser rapidement, les questions concernant leurs ramifications morales sont devenues progressivement indubitables. Des inquiétudes concernant le déplacement du travail et la prédisposition algorithmique aux questions de sécurité, de responsabilité et d'indépendance, les éléments moraux de la mécanique avancée sont déroutants et complexes. Dans cette section, nous étudierons les difficultés et les problèmes moraux présentés par la technologie mécanique et l'intelligence artificielle, et examinerons les systèmes permettant de les résoudre afin de faire progresser la tournure fiable et morale des événements et l'envoi de ces technologies. Au cœur de la discussion morale englobant la technologie mécanique et l'intelligence informatique sont au cœur de ce que ces progrès signifieront pour la culture humaine et la prospérité individuelle.

À mesure que la mécanisation remplace le travail humain dans différentes entreprises, les inquiétudes concernant le déplacement du travail, les disparités financières et les perturbations sociales se font plus vives. En outre, la possibilité que les calculs de renseignement simulés propagent ou aggravent les prédispositions et la séparation existantes, en particulier dans les régions, par exemple dans les domaines du recrutement, du prêt et de l'application de la loi, soulève d'importantes questions quant au caractère raisonnable, à l'équité et à la valeur de l'utilisation des informations informatiques. cadres de renseignement. De plus, l'intégration croissante de la mécanique avancée et de l'intelligence artificielle dans la vie quotidienne suscite des inquiétudes quant à la sécurité, à la reconnaissance et à la désintégration de l'indépendance individuelle. Alors que des gadgets astucieux et des cadres indépendants rassemblent et étudient d'immenses quantités d'informations individuelles, les questions concernant l'assentiment, la propriété de l'information et la simplicité algorithmique deviennent fondamentales. En outre, l'utilisation de cadres d'observation informatiques alimentés par le renseignement dans des espaces ouverts soulève des inquiétudes quant aux libertés communes et au risque d'utilisation abusive ou abusive de ces avancées par les administrations publiques et d'autres acteurs. En outre, l'envoi de cadres indépendants comme les véhicules autonomes, les drones et les armes mécaniques soulèvent d'importantes questions morales concernant la responsabilité, l'obligation et l'attribution de positions dynamiques aux machines. À mesure que les cadres indépendants choisissent continuellement des choix sans intervention humaine, les questions concernant l'organisation morale, les risques et la part de responsabilité concernant les résultats de leurs activités deviennent progressivement complexes. En outre, la possibilité que des cadres indépendants infligent des dommages ou des effets secondaires invisibles, que ce soit par le biais de pannes, d'erreurs ou d'abus délibérés, soulève d'importantes réflexions morales sur le danger, la sécurité, ainsi que sur le plan moral et les lignes directrices des systèmes d'intelligence artificielle et de technologie mécanique. Alors que nous luttons contre ces difficultés morales, il est fondamental de percevoir les avantages probables de la mécanique avancée et de l'intelligence artificielle pour tenter de réduire les difficultés culturelles et de propulser l'aide gouvernementale humaine. Qu'il s'agisse de développer davantage les résultats des soins médicaux et d'améliorer l'ouverture pour les personnes handicapées, de s'occuper des changements environnementaux et de faire progresser la tournure des événements maintenables, la technologie mécanique et l'intelligence artificielle offrent des portes ouvertes pour l'avancement et l'avancement qui peuvent contribuer à la satisfaction personnelle de tous les individus. sur la planète.

En outre, les efforts visant à aborder les composantes morales de la mécanique avancée et de l'intelligence simulée nécessitent des efforts et un engagement coordonnés de la part de nombreux partenaires, notamment des décideurs politiques, des analystes, des pionniers de l'industrie et des associations de la société commune. En cultivant le discours, la franchise et la responsabilité face à la tournure des événements et en transmettant les progrès de la technologie mécanique et de l'intelligence informatique, nous pouvons garantir que ces progrès sont conformes aux qualités humaines et profitent à tous. En outre, les efforts visant à faire progresser la variété, l'incorporation et la valeur dans la tournure des événements et l'utilisation de la technologie mécanique et de l'intelligence artificielle sont fondamentaux pour tendre vers la prédisposition et la séparation et garantir que ces innovations profitent à tous les individus de la société. Les difficultés morales présentées par la mécanique avancée et l'intelligence artificielle sont ahurissantes et à plusieurs niveaux, nécessitant une réflexion prudente et une considération intelligente de la part de tous les partenaires. Des inquiétudes concernant le déplacement du travail et la prédisposition algorithmique aux questions de sécurité, de responsabilité et d'indépendance, les éléments moraux de la mécanique avancée et de l'intelligence artificielle sont fondamentaux dans la tournure des événements et de l'organisation. En traitant ces difficultés avec droiture, franchise et en garantissant les qualités humaines, nous pouvons garantir que les innovations de la technologie mécanique et de l'intelligence simulée contribuent à un avenir d'autant plus impartial et maintenable pour tous. Des cadres de lignes directrices et d'administration qui garantissent le la tournure des événements, l'organisation et l'utilisation de ces avancées. Les organes administratifs et les décideurs politiques jouent un rôle essentiel dans l'établissement de règles et de normes pour le plan moral et l'activité de la technologie mécanique et des cadres d'intelligence artificielle, ainsi que dans le respect de la cohérence et la mise en œuvre de la responsabilité. En outre, la participation et la coopération mondiales sont fondamentales pour orchestrer des lignes directrices et des normes au-delà des frontières et faire progresser les principes mondiaux d'utilisation morale de la technologie mécanique et de l'IA. pour les concepteurs, les ingénieurs et différents experts engagés dans la planification et l'exécution de ces avancées. En intégrant la formation morale dans les plans éducatifs STEM et les programmes de perfectionnement des experts, nous pouvons garantir que les futurs technologues disposeront des informations et des capacités dont ils ont besoin pour explorer les subtilités morales de la technologie mécanique et de l'intelligence artificielle et prendre des décisions éclairées. qui se concentrent sur l'assistance et le bien-être du gouvernement humain.cultiver la conscience du public et son engagement envers les ramifications morales de la technologie mécanique et de l'intelligence artificielle est fondamental pour instaurer la confiance et faire progresser une gestion compétente de ces innovations. L'échange public, l'intérêt des résidents et l'engagement des partenaires peuvent contribuer à mettre en lumière les dangers et les avantages attendus de la technologie mécanique et de l'intelligence simulée, ainsi qu'à permettre aux personnes et aux réseaux de plaider en faveur d'une utilisation morale et responsable de ces innovations. En outre, les efforts visant à faire progresser la franchise et la réceptivité face à la tournure des événements et l'envoi de technologies mécaniques et d'intelligence artificielle peuvent contribuer à renforcer la confiance du public dans ces technologies. En outre, l'exploration interdisciplinaire et les efforts conjoints sont fondamentaux pour promouvoir la compréhension que nous pourrions interpréter de la morale. composants de la technologie mécanique et de l'intelligence artificielle et créer des procédures pour résoudre les difficultés et les problèmes moraux. En réunissant des spécialistes de différents domaines comme la façon de penser, la morale, la réglementation, les sciences sociales et le génie logiciel, nous pouvons encourager un discours interdisciplinaire et des efforts coordonnés qui améliorent la façon dont nous pourrions interpréter les ramifications morales de la technologie mécanique et de l'intelligence artificielle et éclairent moralement. direction indépendante et développement de stratégies. En fin de compte, s'occuper des ramifications morales de la mécanique avancée et de l'intelligence simulée nécessite une approche globale et à plusieurs niveaux qui intègre l'avancement innovant, la surveillance administrative, l'instruction et la préparation, l'engagement public et l'exploration interdisciplinaire. En coopérant pour résoudre les difficultés morales et les situations délicates présentées par la technologie mécanique et l'intelligence artificielle, nous pouvons garantir que ces progrès contribueront à un avenir d'autant plus juste et raisonnable pour tous. En fin de compte, les ramifications morales de la mécanique avancée et de l'intelligence artificielle L'intelligence est importante et vaste, répondant à des questions de base concernant les qualités humaines, les libertés et les obligations dans un monde indéniablement robotisé et interconnecté. En résolvant ces difficultés avec fiabilité, franchise et garantie de l'aide humaine du gouvernement, nous pouvons nous attaquer à l'extraordinaire capacité de la technologie mécanique et de l'intelligence informatique à créer un avenir moralement solide, socialement et économiquement terrestre, pour longtemps. avenir.les efforts visant à faire progresser la simplicité et la réceptivité face à la tournure des événements et l'envoi de technologies mécaniques et d'intelligence artificielle peuvent aider à renforcer la confiance du public dans ces technologies. De plus, l'exploration interdisciplinaire et les efforts conjoints sont fondamentaux pour propulser la compréhension que nous pourrions interpréter les composantes morales de la technologie mécanique et l'intelligence artificielle et créer des procédures pour résoudre les difficultés et les problèmes moraux. En réunissant des spécialistes de différents domaines comme la façon de penser, la morale, la réglementation, les sciences sociales et le génie logiciel, nous pouvons encourager un discours interdisciplinaire et des efforts coordonnés qui améliorent la façon dont nous pourrions interpréter les ramifications morales de la technologie mécanique et de l'intelligence artificielle et éclairent moralement. direction indépendante et développement de stratégies. En fin de compte, s'occuper des ramifications morales de la mécanique avancée et de l'intelligence simulée nécessite une approche globale et à plusieurs niveaux qui intègre l'avancement innovant, la surveillance administrative, l'instruction et la préparation, l'engagement public et l'exploration interdisciplinaire. En coopérant pour résoudre les difficultés morales et les situations délicates présentées par la technologie mécanique et l'intelligence artificielle, nous pouvons garantir que ces progrès contribueront à un avenir d'autant plus juste et raisonnable pour tous. En fin de compte, les ramifications morales de la mécanique avancée et de l'intelligence artificielle L'intelligence est importante et vaste, répondant à des questions de base concernant les qualités humaines, les libertés et les obligations dans un monde indéniablement robotisé et interconnecté. En résolvant ces difficultés avec fiabilité, franchise et garantie de l'aide humaine du gouvernement, nous pouvons nous attaquer à l'extraordinaire capacité de la technologie mécanique et de l'intelligence informatique à créer un avenir moralement solide, socialement et économiquement terrestre, pour longtemps. avenir.les efforts visant à faire progresser la simplicité et la réceptivité face à la tournure des événements et l'envoi de technologies mécaniques et d'intelligence artificielle peuvent aider à renforcer la confiance du public dans ces technologies. De plus, l'exploration interdisciplinaire et les efforts conjoints sont fondamentaux pour propulser la compréhension que nous pourrions interpréter les composantes morales de la technologie mécanique et l'intelligence artificielle et créer des procédures pour résoudre les difficultés et les problèmes moraux. En réunissant des spécialistes de différents domaines comme la façon de penser, la morale, la réglementation, les sciences sociales et le génie logiciel, nous pouvons encourager un discours interdisciplinaire et des efforts coordonnés qui améliorent la façon dont nous pourrions interpréter les ramifications morales de la technologie mécanique et de l'intelligence artificielle et éclairent moralement. direction indépendante et développement de stratégies. En fin de compte, s'occuper des ramifications morales de la mécanique avancée et de l'intelligence simulée nécessite une approche globale et à plusieurs niveaux qui intègre l'avancement innovant, la surveillance administrative, l'instruction et la préparation, l'engagement public et l'exploration interdisciplinaire. En coopérant pour résoudre les difficultés morales et les situations délicates présentées par la technologie mécanique et l'intelligence artificielle, nous pouvons garantir que ces progrès contribueront à un avenir d'autant plus juste et raisonnable pour tous. En fin de compte, les ramifications morales de la mécanique avancée et de l'intelligence artificielle L'intelligence est importante et vaste, répondant à des questions de base concernant les qualités humaines, les libertés et les obligations dans un monde indéniablement robotisé et interconnecté. En résolvant ces difficultés avec fiabilité, franchise et garantie de l'aide humaine du gouvernement, nous pouvons nous attaquer à l'extraordinaire capacité de la technologie mécanique et de l'intelligence informatique à créer un avenir moralement solide, socialement et économiquement terrestre, pour longtemps. avenir.En coopérant pour résoudre les difficultés morales et les situations délicates présentées par la technologie mécanique et l'intelligence artificielle, nous pouvons garantir que ces progrès contribueront à un avenir d'autant plus juste et raisonnable pour tous. En fin de compte, les ramifications morales de la mécanique avancée et de l'intelligence artificielle L'intelligence est importante et vaste, répondant à des questions de base concernant les qualités humaines, les libertés et les obligations dans un monde indéniablement robotisé et interconnecté. En résolvant ces difficultés avec fiabilité, franchise et garantie de l'aide humaine du gouvernement, nous pouvons nous attaquer à l'extraordinaire capacité de la technologie mécanique et de l'intelligence informatique à créer un avenir moralement solide, socialement et économiquement terrestre, pour longtemps. avenir.En coopérant pour résoudre les difficultés morales et les situations délicates présentées par la technologie mécanique et l'intelligence artificielle, nous pouvons garantir que ces progrès contribueront à un avenir d'autant plus juste et raisonnable pour tous. En fin de compte, les ramifications morales de la mécanique avancée et de l'intelligence artificielle L'intelligence est importante et vaste, répondant à des questions de base concernant les qualités humaines, les libertés et les obligations dans un monde indéniablement robotisé et interconnecté. En résolvant ces difficultés avec fiabilité, franchise et garantie de l'aide humaine du gouvernement, nous pouvons nous attaquer à l'extraordinaire capacité de la technologie mécanique et de l'intelligence informatique à créer un avenir moralement solide, socialement et économiquement terrestre, pour longtemps. avenir.

Équilibrer innovation et responsabilité

Pour trouver un équilibre entre innovation et responsabilité en robotique, des considérations éthiques doivent être prises en compte à chaque étape du développement et de la mise en œuvre. Conception éthique : lors de la conception d'un système robotique, des considérations éthiques doivent être prises en compte. Il est nécessaire d'employer des développeurs moraux et capables d'incorporer des responsabilités dans les technologies robotiques. Contrôle contre liberté : à mesure que les robots deviennent plus indépendants, il est essentiel d'établir des lignes directrices et des mécanismes de contrôle clairs pour garantir une prise de décision éthique et prévenir les abus. Confidentialité et sécurité des données Les robots collectent beaucoup de données, la confidentialité et la sécurité sont donc importantes. Cela inclut la discussion des implications éthiques des systèmes robotiques traitant des données. Attribution des responsabilités : Les procédures de délégation des responsabilités doivent être suivies par toutes les parties impliquées dans la création et l'exploitation d'un robot. En conséquence, la cohérence morale et la responsabilité sont préservées. La robotique éthique promeut un comportement responsable et met l'accent sur le bien-être des travailleurs. Cela inclut la prise en compte des implications sur l'emploi des personnes dont le travail implique une interaction avec des robots. Transparence et élimination des préjugés : Pour garantir que les technologies robotiques soient équitables et n'aggravent pas la situation, il est nécessaire de prendre des mesures pour réduire les préjugés et la transparence dans l'application de l'intelligence artificielle aux robots. L'objectif ultime est de garantir que les technologies robotiques soient développées et utilisées de manière à améliorer nos vies, notre sécurité et la société dans son ensemble. Vous pouvez lire les articles sur ces sujets pour des informations plus approfondies.

Chapitre 11 : Les effets des robots sur l'emploi sur la dynamique de l'emploi et de la main-d'œuvre

Des discussions sur l'avenir du travail et son impact potentiel sur l'emploi et la dynamique de la main-d'œuvre ont surgi à la suite de l'intégration de la robotique et de l'automatisation dans diverses industries. La nature des emplois et les compétences requises pour réussir sur le marché du travail sont transformées par la technologie robotique dans des secteurs aussi divers que l'industrie manufacturière, la logistique, la santé et les services. L'une des principales préoccupations liées à l'essor de la robotique est le potentiel de suppression d'emplois et de changements dans la composition de la main-d'œuvre. Dans ce chapitre, nous étudierons les implications de la robotique sur l'emploi, la dynamique de la main-d'œuvre et les stratégies permettant de s'adapter au paysage changeant du travail à l'ère de l'automatisation. Les travailleurs dont les emplois sont susceptibles d'être automatisés courent le risque de perdre leur emploi, car les tâches routinières et répétitives sont remplacées par l'automatisation dans les industries manufacturières et d'assemblage. En outre, les progrès de la technologie robotique, tels que la création de systèmes basés sur l'IA et de robots autonomes, peuvent avoir un impact sur les professions de col blanc telles que le travail administratif, la saisie de données et le service client, en plus des emplois manuels traditionnels. D'un autre côté, même si la technologie robotique peut entraîner la perte de certains emplois, elle ouvre également de nouvelles opportunités d'emploi et d'expansion économique. De nouveaux emplois dans des domaines tels que le développement de logiciels, l'analyse de données, l'intégration de systèmes, la maintenance et la réparation de robots et l'automatisation peuvent émerger grâce à leur utilisation. En outre, il existe une demande croissante de travailleurs qualifiés capables de concevoir, d'exploiter et de gérer des systèmes robotiques ainsi que d'interpréter les données générées par ces systèmes. En outre, la technologie robotique a le potentiel de stimuler la productivité, l'efficacité et la compétitivité dans les industries qui mettent en œuvre l'automatisation, ce qui entraînerait une augmentation globale de l'emploi et une expansion économique. La technologie robotique peut permettre aux travailleurs humains de se concentrer sur des tâches à plus forte valeur ajoutée qui nécessitent de la créativité, une pensée critique et des capacités de résolution de problèmes en automatisant les tâches routinières et répétitives. De plus, la technologie robotique stimule l'évolution de la dynamique de la main-d'œuvre et remodèle les compétences requises pour réussir sur le marché du travail du 21e siècle. Les systèmes robotisés tels que les robots collaboratifs (cobots) peuvent améliorer les capacités humaines et améliorer la sécurité sur le lieu de travail en aidant les travailleurs dans des tâches physiquement exigeantes et en réduisant le risque de blessures et d'accidents. Il existe une demande croissante d'investissements dans des programmes d'éducation et de formation qui dotent les individus des aptitudes et des compétences nécessaires pour prospérer dans une économie axée sur la technologie, à mesure que la demande de travailleurs possédant des compétences techniques en robotique, en programmation et en analyse de données augmente. À mesure que l'automatisation modifie la nature du travail et la façon dont nous collaborons et interagissons avec les machines et les systèmes d'IA, les compétences générales telles que l'adaptabilité, la communication et le travail d'équipe deviennent de plus en plus importantes.D'un autre côté, alors que nous évoluons dans un paysage changeant du travail à l'ère de l'automatisation, il est essentiel de répondre aux préoccupations concernant l'équité, l'accès et l'inclusion au sein du marché du travail. Pour garantir que chacun ait la chance de s'adapter et de s'épanouir dans l'économie numérique, les efforts visant à promouvoir les programmes d'apprentissage tout au long de la vie et de reconversion professionnelle sont cruciaux, en particulier pour les travailleurs qui risquent de perdre leur emploi en raison de l'automatisation. La diversité, l'équité et l'inclusion dans l'éducation STEM et le développement de la main-d'œuvre sont également essentielles pour créer une main-d'œuvre qui reflète la diversité de notre société et utilise la technologie robotique à son plein potentiel d'innovation et de croissance économique. En conclusion, l'intégration de la robotique et de l'automatisation dans la main-d'œuvre présente à la fois des opportunités et des défis aux individus, aux entreprises et à la société dans son ensemble. Si la technologie robotique a le potentiel de stimuler la productivité, l'efficacité et la compétitivité, elle soulève également des inquiétudes quant aux suppressions d'emplois, aux déficits de compétences et aux inégalités au sein de la main-d'œuvre. Nous pouvons garantir que la technologie robotique contribue à un avenir où le travail est significatif, inclusif et durable pour tous en relevant ces défis de manière proactive grâce à des investissements dans l'éducation, la formation et le développement de la main-d'œuvre. En outre, les efforts visant à atténuer les effets négatifs potentiels de la robotique sur l'emploi nécessitent une collaboration et une coordination entre les parties prenantes, notamment les décideurs politiques, les entreprises, les éducateurs et les organisations syndicales. Les programmes de formation de la main-d'œuvre, les apprentissages et l'aide à la transition professionnelle sont des exemples d'interventions politiques qui peuvent aider les travailleurs à acquérir les compétences dont ils ont besoin pour réussir dans une économie axée sur la technologie et s'adapter aux exigences changeantes de l'emploi. En outre, les efforts visant à stimuler la croissance économique et la création d'emplois dans des secteurs complémentaires à la robotique et à l'automatisation, tels que les services numériques, les énergies renouvelables et la fabrication de pointe, peuvent compenser les pertes d'emplois dans les secteurs touchés par l'automatisation. De plus, pour profiter des opportunités commerciales offertes par la robotique et l'automatisation, il est essentiel de cultiver une culture d'innovation et d'entrepreneuriat. Les gouvernements peuvent stimuler l'innovation et ouvrir de nouvelles voies de création d'emplois et d'expansion économique en offrant des incitations aux startups et aux petites entreprises, en encourageant les partenariats entre le monde universitaire et l'industrie et en soutenant les initiatives de recherche et développement. De plus, à mesure que la technologie robotique continue de progresser, il existe un besoin croissant d'approches éthiques et responsables de l'automatisation qui accordent la priorité au bien-être humain et au bien-être social. De plus, les efforts visant à promouvoir la commercialisation de la recherche en robotique et le transfert de technologie peuvent contribuer à traduire les découvertes scientifiques en applications pratiques qui profitent à la société et contribuent à la prospérité économique. Lignes directrices éthiques pour la conception et la mise en œuvre de systèmes robotiques,les mécanismes de transparence et de responsabilité pour les algorithmes d'IA et la participation du public aux processus décisionnels peuvent tous contribuer à garantir que la technologie robotique est développée et utilisée dans le respect des valeurs humaines et dans l'intérêt du grand public. En conclusion, l'impact de la robotique sur l'emploi et la dynamique de la main-d'œuvre est complexe et multiforme, avec des opportunités et des défis pour les individus, les entreprises et la société dans son ensemble. Pour construire un avenir dans lequel la technologie robotique profitera à tous les membres de la société, des efforts visant à remédier aux implications sociales et économiques de l'automatisation, telles que l'inégalité des revenus, la polarisation des emplois et l'accès aux soins de santé et aux services sociaux, sont essentiels. Nous pouvons naviguer dans le paysage changeant du travail à l'ère de l'automatisation et garantir que la technologie robotique contribue à un avenir où le travail est significatif, inclusif et durable pour tous en adoptant l'innovation, en investissant dans l'éducation et la formation et en favorisant la collaboration et le dialogue entre les parties prenantes. .

S'adapter au paysage changeant de l'emploi

En effet, une question cruciale est de s'adapter à l'évolution du paysage de l'emploi, en particulier à la lumière de l'essor de la robotique et de l'automatisation. Considérez ces points importants : Automatisation accrue : Contrairement à la croyance populaire, l'automatisation et la robotique modifient la nature du travail plutôt que de remplacer nécessairement les travailleurs. À mesure que les entreprises deviennent plus productives et compétitives, une automatisation accrue peut entraîner une augmentation globale des embauches. Changements de gestion : L'introduction de robots peut réduire le besoin de managers, en particulier ceux en charge d'employés hautement qualifiés. En effet, les robots peuvent réduire les erreurs humaines et augmenter l'efficacité. Perfectionnement et reconversion : les travailleurs doivent être perfectionnés et reconvertis pour pouvoir s'adapter aux nouvelles technologies. Les tâches répétitives ou simples de résolution de problèmes sont les plus susceptibles d'être automatisées. Collaboration entre les humains et l'IA : La clé est de favoriser une culture d'apprentissage continu et de reconnaître l'importance des capacités humaines. Il sera essentiel de s'adapter à une main-d'œuvre hybride dans laquelle l'IA et les humains collaborent. De nouveaux emplois sont créés, même si l'automatisation risque d'en supprimer certains. Cependant, de nouveaux rôles sont créés qui nécessitent des compétences différentes. En conclusion, l'accent devrait être mis sur l'exploitation de la technologie pour devenir plus productifs et compétitifs, tout en veillant à ce que les travailleurs soient préparés aux changements provoqués par la robotique et l'automatisation. Il est important de veiller à ce que les travailleurs disposent des compétences nécessaires pour remplir ces nouveaux rôles. Il s'agit de trouver un équilibre entre le travail humain et les progrès technologiques.

Chapitre 12 : Accessibilité et robotique : Donner plus de pouvoir aux personnes handicapées

La façon dont les personnes handicapées interagissent avec leur environnement a été transformée par l'intégration de la technologie robotique dans les appareils fonctionnels et les solutions d'accessibilité, améliorant ainsi leur indépendance, leur mobilité et leur qualité de vie. Les robots d'assistance, les systèmes de maison intelligente, les prothèses robotiques et les exosquelettes ne sont que quelques exemples de la façon dont la technologie robotique permet aux personnes handicapées de surmonter les barrières physiques et de participer pleinement à la société. Les prothèses robotiques et les exosquelettes transforment la vie des personnes souffrant d'une perte de membre ou d'une mobilité réduite en rétablissant la mobilité, la dextérité et la fonctionnalité. Dans ce chapitre, nous examinerons le rôle de la robotique dans l'accessibilité et son effet sur l'autonomisation des personnes handicapées. Les membres prothétiques dotés d'algorithmes, de capteurs et d'actionneurs d'IA peuvent imiter les mouvements naturels des membres humains, permettant ainsi aux utilisateurs d'effectuer plus facilement et plus précisément un large éventail de tâches quotidiennes. De plus, la technologie robotique facilite le développement de robots d'assistance et de compagnons robotiques qui soutiennent et assistent les personnes handicapées dans divers aspects de la vie quotidienne. Dans le même esprit, les exosquelettes et les orthèses électriques peuvent aider les personnes à mobilité réduite en leur fournissant un soutien et une assistance pour marcher, se lever et monter les escaliers. Cela permet aux individus de naviguer dans leur environnement avec plus d'indépendance et de confiance. Les robots sociaux dotés de capacités d'IA et de traitement du langage naturel peuvent aider les personnes handicapées à se sentir moins seules et isolées en les aidant dans des domaines tels que la communication, l'interaction sociale et le soutien émotionnel. De plus, la technologie robotique révolutionne l'accessibilité dans l'environnement bâti en permettant le développement de systèmes de maison intelligente et de dispositifs de contrôle environnemental adaptés aux besoins des personnes handicapées.

De plus, les robots de service équipés de manipulateurs et de capteurs peuvent participer à des tâches telles que les soins personnels, la préparation des repas et les tâches ménagères, permettant ainsi aux personnes handicapées de vivre de manière plus indépendante et autonome. Les personnes handicapées peuvent vivre plus confortablement et en toute sécurité dans leur propre maison grâce aux systèmes de maison intelligente équipés de capteurs, d'actionneurs et d'une technologie de reconnaissance vocale. Ces systèmes peuvent automatiser et contrôler divers aspects de l'environnement domestique, tels que l'éclairage, la température et la sécurité. De plus, le développement de systèmes de transport accessibles, d'appareils de communication et de technologies d'assistance facilite l'accès des personnes handicapées à l'éducation, à l'emploi et à la participation sociale. De plus, les dispositifs de contrôle environnemental tels que les commutateurs adaptatifs, les assistants à commande vocale et les systèmes de reconnaissance gestuelle permettent aux personnes handicapées de contrôler les appareils et appareils électroniques avec plus de facilité et d'indépendance. Les personnes à mobilité réduite peuvent voyager en toute sécurité et de manière indépendante grâce à des véhicules autonomes équipés de fonctionnalités accessibles en fauteuil roulant et de technologies d'assistance. En conséquence, les obstacles à l'emploi, à l'éducation et à la participation communautaire sont réduits. De même, les appareils de génération vocale, les afficheurs braille et les dispositifs de saisie alternatifs permettent aux personnes ayant des troubles de la communication de s'exprimer et d'interagir plus efficacement avec les autres, favorisant ainsi l'inclusion et la participation dans la société. D'un autre côté, même si la technologie robotique a le potentiel de transformer la vie des personnes handicapées, elle soulève également d'importantes préoccupations en matière d'accessibilité, de prix abordable et de convivialité. Pour garantir que toutes les personnes handicapées aient un accès égal aux technologies d'assistance robotisées, il est nécessaire de répondre aux préoccupations concernant le coût et la disponibilité de ces appareils, ainsi que les exigences en matière de formation et de soutien pour les utilisateurs et les soignants.

En conclusion, la technologie robotique révolutionne l'accessibilité en proposant des solutions innovantes qui permettent aux personnes handicapées de surmonter les barrières physiques et de participer plus pleinement à la société. De plus, les efforts visant à répondre aux considérations éthiques et sociales, telles que la vie privée, l'autonomie et le potentiel de dépendance à l'égard de la technologie, sont essentiels pour promouvoir une utilisation responsable et éthique de la technologie robotique dans les solutions d'accessibilité. La technologie robotique améliore l'indépendance, la mobilité et la qualité de vie des personnes handicapées grâce à des robots d'assistance, des exosquelettes, des prothèses robotiques et des systèmes de maison intelligente. Pour garantir que la technologie robotique profite à tous les membres de la société, quels que soient leurs capacités ou leur handicap, tenons notre engagement à promouvoir une conception inclusive, un accès équitable et une utilisation éthique de la technologie tout en continuant à exploiter le potentiel d'accessibilité de la robotique. De plus, pour faire progresser l'accessibilité en robotique, des efforts visant à favoriser la collaboration et le partenariat entre les parties prenantes, telles que les chercheurs, les ingénieurs, les professionnels de la santé, les décideurs politiques et les organisations de défense, sont essentiels. Nous pouvons garantir que les technologies d'assistance et les solutions d'accessibilité répondent aux divers besoins et préférences des personnes handicapées en accélérant l'innovation et le développement en favorisant la collaboration interdisciplinaire et l'échange de connaissances. La compréhension et le soutien du public à l'égard des technologies robotiques dépendent également des efforts visant à accroître l'éducation et la sensibilisation à la technologie robotique et à son accessibilité. Nous pouvons encourager l'acceptation et l'adoption des technologies d'assistance parmi les personnes handicapées, les soignants et le grand public en sensibilisant aux avantages potentiels de la robotique en matière d'accessibilité et en dissipant les idées fausses. En outre, il est essentiel de lever les obstacles réglementaires et politiques au développement et au déploiement de technologies robotiques en matière d'accessibilité afin de garantir un accès et une adoption équitables à ces technologies. De plus, il est essentiel de donner aux personnes handicapées les moyens d'utiliser les appareils d'assistance robotisés de manière efficace et indépendante. Les interventions politiques telles que les incitations financières, les politiques d'approvisionnement et les normes d'accessibilité peuvent encourager l'investissement dans la recherche et le développement d'appareils d'assistance robotisés et garantir que ces technologies répondent aux exigences des personnes handicapées. En conclusion, la technologie robotique a le potentiel de transformer la vie des personnes handicapées en fournissant des solutions innovantes qui améliorent l'indépendance, la mobilité et la qualité de vie. En outre, les efforts visant à promouvoir les principes de conception universelle et les normes d'accessibilité dans le développement de la technologie robotique sont essentiels pour garantir que ces technologies soient utilisables et accessibles aux personnes ayant des capacités et des handicaps divers. Appareils d'assistance robotisés, tels que les robots d'assistance, les systèmes de maison intelligente, ainsi que les prothèses robotiques et les exosquelettes, permettent aux personnes handicapées de surmonter les barrières physiques et de participer plus pleinement à la société. Pour garantir que la technologie robotique profite à tous les membres de la société, quels que soient leurs capacités ou leur handicap, tenons notre engagement à promouvoir une conception inclusive, un accès équitable et une utilisation éthique de la technologie tout en continuant à faire progresser l'accessibilité de la robotique.

Améliorer l'accessibilité grâce à la robotique d'assistance

En effet, une question cruciale est de s'adapter à l'évolution du paysage de l'emploi, en particulier à la lumière de l'essor de la robotique et de l'automatisation.

Considérez ces points importants : Plus d'automatisation : Contrairement à la croyance populaire, l'automatisation et la robotique modifient la nature du travail plutôt que de remplacer les travailleurs. À mesure que les entreprises deviennent plus productives et compétitives, une automatisation accrue peut entraîner une augmentation globale des embauches. Changements de gestion : L'introduction de robots peut réduire le besoin de managers, en particulier ceux en charge d'employés hautement qualifiés. En effet, les robots peuvent réduire les erreurs humaines et augmenter l'efficacité. Perfectionnement et reconversion : les travailleurs doivent être perfectionnés et reconvertis pour pouvoir s'adapter aux nouvelles technologies. Les tâches répétitives ou simples de résolution de problèmes sont les plus susceptibles d'être automatisées.

> ➤ Collaboration homme-IA : il est essentiel de favoriser une culture d'apprentissage

continu et de reconnaître l'importance des capacités humaines. Il sera essentiel de s'adapter à une main-d'œuvre hybride dans laquelle l'IA et les humains collaborent. La création de nouveaux emplois : bien que l'automatisation puisse supprimer certains emplois, de nouveaux rôles sont créés qui nécessitent des compétences différentes.

Il est essentiel de s'assurer que les travailleurs possèdent les compétences dont ils ont besoin pour occuper ces nouveaux postes. En un mot, l'amélioration de la productivité et de la compétitivité grâce à l'utilisation de la technologie devrait être la priorité, tout comme la préparation des employés aux changements induits par l'automatisation et la robotique. Il s'agit de trouver un équilibre entre le travail humain et les progrès technologiques.

Chapitre 13 : Explorer les limites de la créativité grâce à l'utilisation de robots dans le divertissement

La façon dont nous expérimentons et interagissons avec les médias de divertissement a été transformée par l'introduction de la technologie robotique dans l'industrie du divertissement, annonçant une nouvelle ère de créativité et d'innovation. Les attractions et les expériences robotisées captivent le public et repoussent les limites de la narration et du divertissement immersif dans tous les domaines, des parcs à thème aux spectacles en direct en passant par le cinéma, la télévision et les jeux. L'une des manifestations les plus évidentes de la robotique dans le divertissement se trouve dans les parcs à thème et les attractions, où les personnages animatroniques et robotiques donnent vie à des mondes fantastiques et créent des expériences immersives pour les visiteurs. Dans ce chapitre, nous étudierons le rôle de la robotique dans le divertissement et son impact sur l'avenir de l'industrie du divertissement. La création d'environnements dynamiques et attrayants qui transportent les visiteurs dans des mondes fantastiques et stimulent leur imagination est rendue possible par la technologie robotique, qui permet aux concepteurs de parcs à thème et aux Imagineers de créer des dinosaures, des créatures, des robots interactifs et des figures animatroniques réalistes. De plus, les progrès de la technologie robotique, tels que l'utilisation de capteurs, d'actionneurs et d'algorithmes d'intelligence artificielle (IA), permettent aux attractions des parcs à thème de devenir plus interactives et plus réactives aux commentaires des clients, ce qui améliore l'ensemble. expérience de divertissement. De plus, la technologie robotique révolutionne les productions théâtrales et les spectacles live en permettant le développement de personnages et d'interprètes robotiques dynamiques et expressifs. Avec des démonstrations fascinantes de mouvements, d'expressions et d'émotions, les performances robotiques repoussent les limites de ce qui est possible dans le divertissement en direct avec des marionnettes, des sculptures cinétiques, des acteurs robotiques et des danseurs. Ils brouillent également la frontière entre les humains et les machines. En outre, la technologie robotique transforme l'industrie du cinéma et de la télévision en permettant aux cinéastes et aux créateurs de contenu de donner vie à des mondes et à des personnages imaginaires avec un réalisme et des détails sans précédent. En tirant parti des capacités des robots, la technologie robotique permet aux artistes d'explorer de nouvelles formes d'expression et de narration. La technologie robotique permet aux cinéastes de créer des mondes immersifs et crédibles qui captivent le public et suscitent de puissantes réactions émotionnelles, depuis les créatures animatroniques et les accessoires robotiques jusqu'aux personnages et effets visuels améliorés par des images générées par ordinateur (CGI). De plus, la technologie robotique remodèle le paysage du jeu en permettant la création d'expériences immersives et interactives qui brouillent les frontières entre les mondes virtuel et physique. De plus, la technologie robotique remodèle le paysage du jeu en permettant le développement d'expériences immersives et interactives qui brouillent les frontières entre les mondes virtuel et physique. En fournissant un retour tactile, des sensations haptiques,et l'interaction physique avec les environnements virtuels, la technologie robotique améliore le gameplay et l'immersion, depuis les périphériques et accessoires de jeu robotiques jusqu'aux expériences de réalité augmentée (AR) et de réalité virtuelle (VR). De plus, les expériences de jeu basées sur la robotique offrent aux joueurs la possibilité de participer aux jeux de manière nouvelle et passionnante, par exemple via des interfaces contrôlées par le mouvement, la reconnaissance gestuelle ou les commandes vocales. D'un autre côté, à mesure que la technologie robotique progresse et s'implante de plus en plus dans les médias de divertissement, elle soulève également d'importantes préoccupations concernant l'éthique, la sécurité et l'avenir de l'emploi dans l'industrie du divertissement. Pour garantir que les expériences robotiques soient inclusives, respectueuses et sensibles à la culture, il est nécessaire d'examiner attentivement les préoccupations éthiques concernant l'utilisation de la robotique dans le divertissement, telles que le consentement, la confidentialité et la représentation. En conclusion, la technologie robotique révolutionne l'industrie du divertissement en repoussant les limites de la créativité et de l'imagination et en créant de nouvelles opportunités d'expériences immersives et interactives. Pour garantir le fonctionnement sûr des attractions et des expériences robotisées dans les lieux de divertissement, des efforts visant à répondre aux considérations de sécurité telles que l'évaluation des risques, les protocoles d'urgence et la formation des utilisateurs sont essentiels. Les attractions et les expériences robotisées captivent le public et transforment la façon dont nous expérimentons et interagissons avec les médias de divertissement, allant des parcs à thème aux spectacles en direct, en passant par les films, la télévision et les jeux vidéo. Il est essentiel de favoriser la collaboration et l'innovation entre les ingénieurs en robotique, les professionnels de l'industrie du divertissement et les artistes créatifs afin de stimuler le développement d'expériences de divertissement de pointe basées sur la robotique, alors que nous continuons à étudier l'intersection de la technologie et de l'imagination dans le divertissement. Restons déterminés à promouvoir l'utilisation éthique et responsable de la technologie robotique et à garantir que les expériences robotiques enrichissent et inspirent les publics du monde entier. De plus, la technologie robotique démocratise l'accès à la création et à la consommation de divertissement en permettant aux individus et aux communautés de participer à la production et à la distribution de contenu. Nous pouvons repousser les limites de ce qui est possible dans le domaine du divertissement en réunissant des expertises issues de divers domaines tels que la robotique, l'ingénierie, l'animation, la narration et le design. La technologie robotique donne aux passionnés et aux créateurs la possibilité d'expérimenter la robotique et de créer leurs propres expériences et contenus interactifs via des plateformes en ligne, des médias sociaux, des communautés de créateurs et des kits de robotique DIY. En outre, la technologie robotique stimule l'innovation dans le marketing et la promotion du divertissement en permettant le développement d'expériences interactives et engageantes qui captent l'attention du public et stimulent l'engagement de la marque. En outre,Les outils et plates-formes robotiques pour la création et la distribution de contenu permettent aux créateurs d'atteindre un public mondial et de partager leurs créations avec le monde, démocratisant ainsi l'accès au divertissement et favorisant la créativité et l'innovation à l'ère numérique. Les marques et les annonceurs peuvent utiliser la technologie robotique pour créer des expériences mémorables et partageables qui trouvent un écho auprès des consommateurs et cultivent la fidélité à la marque. Ces expériences peuvent inclure des installations immersives, des campagnes de marketing expérientiel, des mascottes robotiques et des personnages. De plus, les expériences de vente au détail basées sur la robotique, telles que les écrans interactifs et les démonstrations de produits robotisées, améliorent l'expérience d'achat et augmentent l'engagement des clients et les ventes. D'un autre côté, alors que la technologie robotique continue de révolutionner l'industrie du divertissement, elle soulève également d'importantes préoccupations en matière de confidentialité, de sécurité et d'utilisation éthique de la technologie. Pour garantir la protection des droits et des intérêts du public, les expériences de divertissement basées sur la robotique doivent répondre aux préoccupations concernant la confidentialité des données, la surveillance ainsi que la collecte et l'utilisation d'informations personnelles. En conclusion, la technologie robotique transforme l'industrie du divertissement en repoussant les limites de la créativité et de l'imagination et en créant de nouvelles opportunités d'expériences immersives et interactives. De plus, les efforts visant à répondre aux considérations de sécurité, telles que l'évaluation des risques, la conformité réglementaire et l'éducation des utilisateurs, sont essentiels pour garantir le fonctionnement sûr des attractions et des expériences robotisées et minimiser le risque d'accidents ou de blessures. Les attractions et les expériences robotisées captivent le public et remodèlent la façon dont nous vivons et interagissons avec les médias de divertissement. On les trouve dans tout, des parcs à thème aux spectacles en direct en passant par le cinéma, la télévision, les jeux et le marketing. Tenons notre engagement à promouvoir l'utilisation éthique et responsable de la technologie et à garantir que les expériences robotiques enrichissent et inspirent les publics du monde entier tout en continuant à exploiter la puissance de la robotique dans le divertissement.Pour garantir la protection des droits et des intérêts du public, les expériences de divertissement basées sur la robotique doivent répondre aux préoccupations concernant la confidentialité des données, la surveillance ainsi que la collecte et l'utilisation d'informations personnelles. En conclusion, la technologie robotique transforme l'industrie du divertissement en repoussant les limites de la créativité et de l'imagination et en créant de nouvelles opportunités d'expériences immersives et interactives. De plus, les efforts visant à répondre aux considérations de sécurité, telles que l'évaluation des risques, la conformité réglementaire et l'éducation des utilisateurs, sont essentiels pour garantir le fonctionnement sûr des attractions et des expériences robotisées et minimiser le risque d'accidents ou de blessures. Les attractions et les expériences robotisées captivent le public et remodèlent la façon dont nous vivons et interagissons avec les médias de divertissement. On les trouve dans tout, des parcs à thème aux spectacles en direct en passant par le cinéma, la télévision, les jeux et le marketing. Tenons notre engagement à promouvoir l'utilisation éthique et responsable de la technologie et à garantir que les expériences robotiques enrichissent et inspirent les publics du monde entier tout en continuant à exploiter la puissance de la robotique dans le divertissement.Pour garantir la protection des droits et des intérêts du public, les expériences de divertissement basées sur la robotique doivent répondre aux préoccupations concernant la confidentialité des données, la surveillance ainsi que la collecte et l'utilisation d'informations personnelles. En conclusion, la technologie robotique transforme l'industrie du divertissement en repoussant les limites de la créativité et de l'imagination et en créant de nouvelles opportunités d'expériences immersives et interactives. De plus, les efforts visant à répondre aux considérations de sécurité, telles que l'évaluation des risques, la conformité réglementaire et l'éducation des utilisateurs, sont essentiels pour garantir le fonctionnement sûr des attractions et des expériences robotisées et minimiser le risque d'accidents ou de blessures. Les attractions et les expériences robotisées captivent le public et remodèlent la façon dont nous vivons et interagissons avec les médias de divertissement. On les trouve dans tout, des parcs à thème aux spectacles en direct en passant par le cinéma, la télévision, les jeux et le marketing. Tenons notre engagement à promouvoir l'utilisation éthique et responsable de la technologie et à garantir que les expériences robotiques enrichissent et inspirent les publics du monde entier tout en continuant à exploiter la puissance de la robotique dans le divertissement.

De l'animatronique aux artistes interactifs

Un développement significatif dans les industries du divertissement et de la robotique peut être observé dans le passage de l'animatronique à la robotique interactive. Un résumé de cette transformation est le suivant : Le sens traditionnel de « animatronique » est « l'utilisation de dispositifs mécaniques pour animer des figures robotiques », que l'on retrouve fréquemment dans les films cinématographiques, les parcs d'attractions et autres lieux de divertissement.

Ces chiffres peuvent copier des tendances similaires, mais sont généralement limités à des activités pré-personnalisées. En revanche, Interactive Performer Robotics crée des robots capables d'interagir avec les humains et leur environnement en temps réel en intégrant des technologies de pointe telles que des capteurs, des caméras et l'intelligence artificielle. De ce fait, le spectacle peut être plus dynamique et adaptable, le robot étant capable de réagir au public ou aux changements de l'environnement123. Par exemple, les personnages animatroniques dans les parcs à thème offrent des mouvements réalistes ; cependant, l'incorporation de la robotique a rendu ces attractions beaucoup plus adaptables, permettant au contenu d'être reprogrammé et mis à jour à la volée. Des robots sont actuellement développés pour être utilisés dans des applications sociales, telles que l'éducation, le divertissement ou l'assistance à la vie autonome, en dehors du domaine du divertissement. La nouvelle méthode d'animation de personnages connue sous le nom d'animation en robotique étend la méthode traditionnelle en permettant au mouvement animé de devenir plus interactif et adaptable lors de l'interaction de l'utilisateur dans des environnements réels. Les artistes et les développeurs de robots travaillent ensemble pour développer des caractéristiques expressives, émotionnelles et conceptuelles pour des robots capables d'interagir de manière significative avec les gens. Dans l'ensemble, l'évolution vers une robotique interactive, dans laquelle les robots sont à la fois interprètes et participants à l'interaction, indique une évolution vers la création d'expériences de divertissement plus immersives et engageantes.

Chapitre 14 Comprendre les complexités des applications militaires grâce à la robotique et à la guerre

Le paysage de la guerre et de la sécurité contemporaines a été transformé par l'incorporation de la technologie robotique dans les applications militaires. En conséquence, de nouvelles capacités et de nouvelles difficultés sont apparues tant pour les forces militaires que pour les décideurs politiques. La technologie robotique change la manière dont les opérations militaires sont menées et soulève d'importantes questions éthiques, juridiques et stratégiques.

Il s'agit notamment de systèmes d'armes autonomes, de robots terrestres et de drones de surveillance. Les véhicules aériens sans pilote (UAV), plus communément appelés drones, sont de plus en plus répandus dans les opérations militaires de reconnaissance, de surveillance et de frappes ciblées. Dans ce chapitre, nous examinerons les complexités et les implications de ses applications militaires, ainsi que le rôle que joue la robotique dans la sécurité et la guerre. Alors que les drones de surveillance fournissent aux commandants sur le terrain des renseignements et une connaissance de la situation en temps réel, les drones armés dotés de munitions à guidage de précision permettent aux forces militaires de mener des frappes chirurgicales contre des cibles ennemies avec le moins de risques pour le personnel et les dommages collatéraux. En outre, la technologie robotique révolutionne la guerre terrestre grâce au développement de véhicules terrestres sans pilote (UGV) et de systèmes robotiques pour la reconnaissance, la surveillance et le soutien au combat. En outre, les progrès en matière d'autonomie et d'algorithmes d'IA permettent aux drones de fonctionner en essaims de manière autonome et collaborative, améliorant ainsi leur efficacité et leur polyvalence dans un large éventail de missions militaires. Les UGV équipés de capteurs, de caméras et de manipulateurs peuvent franchir des obstacles, naviguer sur des terrains accidentés et effectuer diverses tâches telles que le déminage, le dégagement d'itinéraires et l'élimination des explosifs et munitions (EOD). Cela rend les opérations militaires plus sûres et plus efficaces. De plus, la technologie robotique stimule l'innovation dans la guerre navale grâce au développement de navires de surface sans pilote (USV) et de drones sous-marins pour la surveillance maritime, la lutte contre les mines et la guerre anti-sous-marine. De plus, les systèmes robotiques tels que les exosquelettes robotiques et les véhicules de combat sans pilote (UCV) permettent aux soldats d'améliorer leurs capacités et de surmonter les limitations physiques sur le champ de bataille, améliorant ainsi leur mobilité, leur endurance et leur létalité au combat. Renforçant les capacités de sécurité et de défense maritimes, les USV équipés de capteurs, de sonars et de systèmes de communication peuvent patrouiller de manière autonome les frontières maritimes, surveiller les voies de navigation et identifier et neutraliser les menaces sous-marines. À mesure que la technologie robotique continue de progresser et de s'intégrer davantage aux opérations militaires, elle soulève également d'importantes considérations éthiques, juridiques et stratégiques qui doivent être soigneusement prises en compte. De plus, les drones sous-marins équipés de caméras et de capteurs permettent aux forces navales de mener des opérations de reconnaissance sous-marine, de recherche et de sauvetage et de surveillance environnementale dans des environnements sous-marins dangereux ou inaccessibles aux véhicules habités. Pour garantir que la guerre robotisée soit menée dans le respect des droits de l'homme et des principes éthiques, il est nécessaire d'examiner attentivement les préoccupations éthiques concernant l'utilisation de systèmes d'armes autonomes. Ces préoccupations incluent des questions telles que la responsabilité, la transparence et le respect du droit international humanitaire (DIH). En conclusion, la technologie robotique remodèle le paysage de la guerre et de la sécurité modernes, introduisant de nouvelles capacités et de nouveaux défis pour les forces militaires et les décideurs politiques. Pour promouvoir la stabilité et la sécurité dans un environnement de sécurité de plus en plus complexe et contesté, des efforts visant à répondre aux implications stratégiques de la technologie robotique, telles que la course aux armements, la prolifération et les dynamiques d'escalade, sont essentiels. La technologie robotique change la façon dont les opérations militaires sont menées et soulève d'importantes questions éthiques, juridiques et stratégiques dans tous les domaines, depuis les véhicules aériens sans pilote et les robots terrestres jusqu'aux systèmes d'armes autonomes et aux drones sous-marins. Les efforts visant à répondre aux implications éthiques, juridiques et stratégiques de la robotique dans la guerre nécessitent une collaboration et une coordination entre les chefs militaires, les décideurs politiques, les éthiciens, les experts juridiques et les organisations de la société civile. Tenons notre engagement à promouvoir l'utilisation responsable et éthique de la technologie et à garantir que les applications militaires robotiques contribuent à la paix, à la sécurité et à la stabilité du système international alors que nous continuons à naviguer dans les complexités de la robotique dans la guerre. L'élaboration de normes, de lignes directrices et de réglementations régissant le développement, le déploiement et l'utilisation de technologies militaires robotisées ainsi que le respect du droit international et des normes relatives aux droits de l'homme nécessitent un dialogue et une coopération internationaux. En outre, les efforts visant à promouvoir une innovation responsable et une gestion des risques dans le développement et le déploiement de technologies militaires robotisées sont essentiels pour garantir la sécurité, la fiabilité et l'efficacité de ces systèmes. En outre, les efforts visant à promouvoir la transparence, la responsabilité et les mécanismes de surveillance des opérations militaires robotisées sont essentiels pour instaurer la confiance entre les parties prenantes et minimiser le risque de conséquences imprévues ou d'utilisation abusive de ces technologies. Pour évaluer les performances et la fiabilité des technologies militaires robotiques dans diverses conditions opérationnelles et pour identifier et atténuer les risques et vulnérabilités potentiels, des procédures robustes de tests, d'évaluation et de validation sont nécessaires. De plus, les efforts visant à promouvoir la collaboration homme-machine et la prise de décision en temps de guerre sont essentiels pour tirer parti des atouts des humains et des machines tout en atténuant les limites et les risques des systèmes autonomes. En outre, les efforts visant à lutter contre les menaces et les vulnérabilités en matière de cybersécurité dans les systèmes militaires robotisés sont essentiels pour se protéger contre l'accès non autorisé, la falsification ou l'exploitation de ces technologies par des adversaires. Pour que les systèmes d'armes autonomes fonctionnent selon les valeurs humaines et les principes éthiques et pour prévenir les dommages involontaires ou les abus, une surveillance humaine et des mécanismes de contrôle sont nécessaires. L'intégration de la technologie robotique dans les applications militaires remodèle le paysage de la guerre et de la sécurité modernes.introduisant de nouvelles capacités et de nouveaux défis pour les forces militaires et les décideurs politiques. En outre, les efforts visant à promouvoir l'équipe et la collaboration homme-machine, tels que les programmes de formation et d'éducation destinés au personnel militaire, sont essentiels pour améliorer l'efficacité et la résilience des forces militaires dans un environnement opérationnel de plus en plus complexe et dynamique. La technologie robotique change la façon dont les opérations militaires sont menées et soulève d'importantes questions éthiques, juridiques et stratégiques dans tous les domaines, depuis les véhicules aériens sans pilote et les robots terrestres jusqu'aux systèmes d'armes autonomes et aux drones sous-marins. Tenons notre engagement à promouvoir l'utilisation responsable et éthique de la technologie et à garantir que les applications militaires robotiques contribuent à la paix, à la sécurité et à la stabilité du système international alors que nous continuons à naviguer dans les complexités de la robotique dans la guerre.

Analyser la contribution de la robotique aux stratégies de défense

Parce qu'elle fournit une variété de capacités qui améliorent les opérations militaires, la robotique est devenue une composante essentielle des stratégies de défense contemporaines. Voici quelques contributions significatives de la robotique à la défense : Surveillance et reconnaissance améliorées : La technologie derrière la robotique a rendu beaucoup plus facile la surveillance et la reconnaissance. Ces missions utilisent désormais des données et des renseignements en temps réel recueillis depuis des endroits éloignés ou à risque. Les frappes de combat et de précision sont rendues possibles par des systèmes sans pilote comme les drones, qui réduisent les risques pour le personnel militaire. Tout en minimisant les dommages collatéraux, ils peuvent engager des cibles avec une grande précision. Gestion de la logistique et de la chaîne d'approvisionnement Grâce aux robots, les opérations de logistique et de chaîne d'approvisionnement peuvent être rationalisées pour garantir que les troupes sur le terrain reçoivent efficacement des fournitures et des équipements. Élimination des explosifs et munitions (EOD) : les robots sont fréquemment utilisés pour les tâches EOD car ils permettent d'identifier et d'éliminer en toute sécurité les menaces explosives sans mettre des vies en danger. Secours en cas de catastrophe et assistance humanitaire : les robots peuvent fournir aide et soutien dans les zones sinistrées où les humains peuvent être trop risqués pour opérer. Cela peut constituer une partie importante des missions humanitaires. Véhicules autonomes et chars sans pilote : Le développement de véhicules autonomes et de chars sans pilote remodèle le champ de bataille, offrant de nouvelles options tactiques et réduisant le besoin de soldats humains en combat direct. Questions éthiques et juridiques : L'essor de la robotique militaire soulève également plusieurs questions éthiques et juridiques. Ces questions incluent la nécessité de règles d'engagement claires et l'utilisation de systèmes d'armes létaux autonomes. Alors que les nations affrontent les complexités de cette technologie en évolution rapide, la prolifération de la robotique dans l'armée a des implications sur les relations internationales et le contrôle des armements. Les trois éléments que sont les objectifs, les moyens et les menaces sont pris en compte dans la vision stratégique militaire de la robotique. Il souligne l'importance d'intégrer la robotique dans l'éducation et la formation militaires2 et la nécessité d'une planification aux niveaux politique, stratégique, opérationnel et tactique. Vous pouvez vous référer à des articles et rapports scientifiques traitant des implications stratégiques de la robotique dans des contextes militaires pour une analyse plus approfondie. La robotique et les systèmes autonomes (RAS) seront cruciaux pour le développement des futures capacités militaires à mesure qu'elles continuent d'évoluer.

Chapitre 15 : Du compagnonnage à la coexistence : l'orientation de l'interaction homme-robot dans le futur

L'avenir de l'interaction homme-robot est extrêmement prometteur pour transformer notre façon de vivre, de travailler et d'interagir avec la technologie, à mesure que la technologie robotique continue de progresser. Les robots ont le potentiel de jouer des rôles de plus en plus importants dans notre vie quotidienne, depuis le rôle de compagnons et de soignants jusqu'à la collaboration avec les humains dans divers domaines.

L'un des aspects les plus intrigants de l'avenir de l'interaction homme-robot est le potentiel des robots à servir de compagnons et de soignants pour les humains, en particulier dans des contextes tels que les soins de santé, les soins aux personnes âgées et le soutien en matière de santé mentale. Dans ce chapitre, nous examinerons le paysage évolutif de l'interaction homme-robot et le potentiel des humains et des robots à coexister harmonieusement dans la société. Les robots sociaux équipés d'algorithmes de traitement du langage naturel, de reconnaissance émotionnelle et d'empathie ont permis aux robots d'interagir avec les humains de manière plus naturelle et intuitive, leur permettant ainsi de fournir de la compagnie, de l'assistance et un soutien émotionnel à ceux qui en ont besoin. De plus, les robots sont de plus en plus intégrés à divers aspects de la vie quotidienne, depuis l'assistance personnelle et les divertissements jusqu'aux tâches ménagères et aux courses, ce qui peut contribuer à lutter contre l'isolement social et la solitude parmi les populations vulnérables comme les personnes âgées et les personnes handicapées. Les appareils intelligents et les assistants robotiques dotés de fonctionnalités d'IA et d'automatisation peuvent rationaliser les routines quotidiennes, gérer les tâches et les horaires, et augmenter la productivité et l'efficacité à la maison et au travail. En outre, l'avenir de l'interaction homme-robot est prometteur en matière de collaboration et de coexistence entre humains et robots dans divers domaines, notamment l'industrie, l'éducation et la recherche. En outre, nous pouvons nous attendre à une prolifération de services et d'applications robotiques dans des domaines tels que la vente au détail, l'hôtellerie, les transports et le service client, transformant la façon dont nous interagissons avec la technologie et accédons aux biens et services. Grâce aux capteurs et aux algorithmes d'intelligence artificielle (IA), les robots collaboratifs (cobots) peuvent collaborer avec les humains dans les domaines de la fabrication, de la logistique et d'autres environnements industriels pour améliorer la productivité et la sécurité au travail. Alors que les humains et les robots interagissent et coexistent de plus en plus dans la société, il est essentiel d'aborder des considérations importantes liées à l'éthique, à la vie privée et à l'impact sociétal. De plus, les robots sont de plus en plus utilisés dans les milieux éducatifs pour soutenir l'apprentissage et le développement des compétences, offrant ainsi aux étudiants des matières STEM et d'autres disciplines des expériences interactives et pratiques. Pour garantir que la technologie robotique est développée et utilisée d'une manière conforme aux valeurs humaines et aux principes éthiques, il est nécessaire d'examiner attentivement les préoccupations concernant l'utilisation éthique des robots dans divers contextes, tels que l'autonomie, la responsabilité et la transparence. En conclusion, l'avenir de l'interaction homme-robot recèle un énorme potentiel pour transformer la façon dont nous vivons, travaillons et interagissons avec la technologie. De plus, les efforts visant à répondre aux problèmes de confidentialité tels que la sécurité des données, la surveillance et le consentement sont essentiels à la protection des droits individuels. Les robots ont le potentiel de jouer des rôles de plus en plus importants dans notre vie quotidienne, depuis le rôle de compagnons et de soignants jusqu'à la collaboration avec les humains dans divers domaines. En outre, les efforts visant à promouvoir l'inclusivité et l'accessibilité dans l'interaction homme-robot sont essentiels pour garantir que la technologie robotique profite à tous les membres de la société, quels que soient leur âge, leurs capacités ou leurs antécédents. Restons déterminés à promouvoir une utilisation responsable et éthique de la technologie et à garantir que les humains et les robots puissent coexister harmonieusement dans la société tout en continuant à explorer les possibilités d'interaction homme-robot. Promouvoir un accès et une participation équitables aux interactions homme-robot nécessite la création de robots et d'interfaces compréhensibles, conviviaux et accessibles aux personnes ayant une variété d'exigences et de préférences. En outre, il est essentiel de favoriser une culture d'innovation et de gestion responsable dans le développement et le déploiement de la technologie robotique pour répondre aux préoccupations sociétales et garantir que les avantages de l'interaction homme-robot l'emportent sur les risques et les défis. En outre, les efforts visant à remédier aux disparités en matière d'accès à la technologie robotique, telles que l'abordabilité, la disponibilité et la culture numérique, sont essentiels pour garantir que tous les individus aient la possibilité de bénéficier du potentiel de la technologie robotique pour améliorer leur vie et leur bien-être. Pour identifier et traiter les considérations éthiques, juridiques et sociales associées à l'interaction homme-robot, les parties prenantes (telles que les chercheurs, les ingénieurs, les décideurs politiques, les éthiciens et les organisations de la société civile) doivent collaborer et communiquer entre elles. En outre, il est essentiel d'établir des cadres de gouvernance et de réglementation garantissant une utilisation responsable et éthique de la technologie robotique, alors que les humains et les robots interagissent et collaborent de plus en plus dans divers domaines. En effet, les efforts visant à impliquer le public dans les discussions sur les implications de la technologie robotique et à donner aux individus les moyens de participer aux processus décisionnels sont essentiels pour promouvoir la transparence, la responsabilité et la confiance dans le développement et l'utilisation de la technologie robotique. Le développement, le déploiement et l'utilisation de la technologie robotique sont régis par des lignes directrices, des normes et des politiques qui tiennent compte de considérations importantes telles que la sécurité, la confidentialité et la responsabilité. Les organismes de réglementation et les décideurs politiques jouent un rôle crucial dans ce processus. En conclusion, l'avenir de l'interaction homme-robot est extrêmement prometteur pour transformer notre façon de vivre, de travailler et d'interagir avec la technologie. L'harmonisation des réglementations et des normes au-delà des frontières et la promotion de normes mondiales pour l'utilisation éthique de la technologie robotique nécessitent une coopération et une collaboration internationales. Les robots ont le potentiel de jouer des rôles de plus en plus importants dans notre vie quotidienne, depuis le rôle de compagnons et de soignants jusqu'à la collaboration avec les humains dans divers domaines. Restons déterminés à promouvoir une utilisation responsable et éthique de la technologie et à garantir que les humains et les robots puissent coexister harmonieusement dans la société,enrichir nos vies et faire progresser nos objectifs communs de progrès et de bien-être alors que nous continuons à étudier les possibilités d'interaction homme-robot.

Analyser la dynamique des relations entre les personnes et les robots

L'interaction homme-robot (HRI) englobe plusieurs aspects fascinants et complexes de la dynamique des relations homme-robot. Comprendre comment les humains perçoivent les robots, interagissent avec eux et se rapportent à eux dans divers contextes est au cœur de ce domaine interdisciplinaire. Lors de l'analyse de ces dynamiques, les chercheurs prennent en compte les considérations suivantes : L'anthropomorphisme est l'idée selon laquelle les robots ont des caractéristiques humaines.

Le niveau d'anthropomorphisme d'un robot peut avoir un impact significatif sur la façon dont les gens interagissent avec lui. Le terme « robotique d'assistance » (RA) fait référence aux robots conçus pour aider les humains de diverses manières, par exemple pour leur bien-être physique, social, mental et émotionnel. La dynamique de la relation peut être affectée par la performance de ces robots dans leurs rôles. Autonomie : le niveau de confiance et de confiance des individus dans les systèmes robotiques peut être affecté par le niveau d'autonomie d'un robot ou par sa capacité à fonctionner de manière indépendante. Repères : Pour le développement du HRI, il est essentiel d'établir des normes en matière de performances, de sécurité et de considérations éthiques des robots. Incarnation : les robots étant des objets du monde réel, leur conception et leur forme peuvent influencer la façon dont les gens interagissent avec eux. La mesure physiologique connue sous le nom de réponse galvanique cutanée (GSR) peut être utilisée pour évaluer l'état émotionnel d'une personne interagissant avec un robot et fournir un aperçu de la dynamique de la relation. Interaction homme-machine (HCI) : alors que HRI examine spécifiquement la dynamique entre les humains et les robots physiquement incarnés1, HCI se concentre sur l'interaction entre les humains et les ordinateurs. Robotique d'assistance sociale (SAR) : ce domaine étudie les robots qui aident les gens en interagissant avec eux socialement plutôt que physiquement. Cela peut être important pour les soins et l'éducation des personnes âgées. Le terme « robots socialement interactifs » (SIR) fait référence aux robots qui interagissent avec les humains par le biais d'interactions sociales, telles que communiquer avec eux, exprimer leurs sentiments et apprendre leurs signaux sociaux. L'objectif de la recherche est de développer des modèles de comportement humain capables d'anticiper et d'améliorer les interactions avec les robots. Pour que HRI réussisse, ces modèles doivent être précis et complets pour garantir la sécurité, les performances et la satisfaction des employés. Des études montrent également que les gens développent des liens plus forts avec les robots qu'ils contrôlent, ce qui peut avoir un impact sur la fabrication des robots semi-autonomes et sur leur fonctionnement. En conclusion, pour améliorer la conception et l'interaction des systèmes robotiques avec les humains, une approche multidisciplinaire prenant en compte les facteurs psychologiques, sociologiques et technologiques est nécessaire pour analyser la dynamique des relations entre les humains et les robots.

Chapitre 16 : Technologie mécanique et préservation de l'environnement : sauvegarder la nature grâce à des dispositions innovantes

Pour répondre aux problèmes écologiques urgents et protéger le monde naturel pour les générations futures, l'intégration de la technologie robotique dans les efforts de conservation de l'environnement est une option prometteuse. Des solutions innovantes pour une gestion durable de l'environnement sont fournies par la technologie robotique, qui comprend la réduction de la pollution et la prévention de la destruction de l'habitat ainsi que la surveillance des écosystèmes et de la faune.

L'une des principales applications de la technologie robotique dans la conservation de l'environnement concerne la surveillance et la gestion des écosystèmes et des habitats fauniques. Dans ce chapitre, nous examinerons le rôle de la robotique dans la conservation de l'environnement et le potentiel des solutions technologiques pour contribuer à la préservation de la nature. Les paysages naturels peuvent être étudiés et cartographiés à l'aide de véhicules aériens sans pilote (UAV) équipés de caméras, de capteurs et de technologies de télédétection. Ils peuvent également être utilisés pour surveiller les changements dans les populations de végétation et de faune. De plus, les drones sous-marins et les véhicules sous-marins autonomes (AUV) permettent aux chercheurs d'explorer et de surveiller les écosystèmes marins, d'évaluer les récifs coralliens et d'étudier la biodiversité sous-marine dans des endroits inaccessibles. De plus, la technologie robotique remodèle le processus par lequel les données environnementales sont collectées et analysées, permettant aux chercheurs de collecter de grandes quantités de données de haute qualité d'une manière à la fois plus efficace et plus précise que jamais. Des données en temps réel sur la santé des écosystèmes et les conditions environnementales peuvent être fournies par des stations de surveillance environnementale autonomes équipées de capteurs permettant de mesurer la qualité de l'air et de l'eau, la température, l'humidité et d'autres paramètres environnementaux. Cela permet de détecter plus tôt la pollution, la dégradation de l'habitat et d'autres menaces pour la biodiversité. De plus, la technologie robotique est utilisée dans la lutte contre la pollution de l'environnement et la destruction de l'habitat, fournissant des solutions innovantes pour nettoyer les sites contaminés, atténuer les effets des marées noires et restaurer les écosystèmes dégradés. De plus, les algorithmes d'analyse de données basés sur l'IA sont capables de traiter et d'analyser de grandes quantités de données environnementales, d'identifier des modèles, des tendances et des anomalies qui peuvent éclairer les stratégies de conservation et la prise de décision. Il est possible d'utiliser des systèmes robotiques, tels que des drones et des véhicules terrestres sans pilote (UGV) dotés de capteurs et d'outils d'échantillonnage, pour rechercher et surveiller les sources de pollution, évaluer les dommages environnementaux et collecter des échantillons à des fins d'analyse et d'assainissement. En outre, les efforts de reboisement et de revégétalisation dans les zones touchées par la déforestation, les incendies de forêt et la dégradation des terres sont rendus possibles par des plates-formes robotisées pour la restauration de l'habitat, telles que des systèmes autonomes de dispersion des graines et des drones de plantation. Même si la technologie robotique est très prometteuse pour la conservation de l'environnement, elle soulève également d'importantes questions et défis en matière d'éthique, de gouvernance et des conséquences involontaires des interventions technologiques. Pour garantir que les solutions technologiques respectent les droits de l'homme et les valeurs culturelles et contribuent à des résultats équitables et durables, il est nécessaire d'examiner attentivement les préoccupations concernant l'utilisation éthique de la robotique dans la conservation de l'environnement, y compris les préoccupations concernant la vie privée, l'autonomie et les droits des peuples autochtones. communautés. En conclusion, la technologie robotique a le potentiel de révolutionner les efforts de conservation de l'environnement en fournissant des solutions innovantes pour la surveillance, la gestion et la restauration des écosystèmes et des habitats fauniques. Pour promouvoir l'utilisation responsable et éthique de la technologie robotique dans la conservation de l'environnement, des efforts visant à relever les défis réglementaires et politiques tels que la responsabilité, l'obligation de rendre compte et les droits de propriété intellectuelle sont essentiels. De nouvelles opportunités de gestion durable de l'environnement sont offertes par les technologies de conservation de l'environnement basées sur la robotique, qui vont de l'étude des paysages et de la surveillance de la biodiversité au nettoyage de la pollution et à la restauration des écosystèmes dégradés. En outre, les efforts visant à promouvoir la collaboration et le partenariat entre les parties prenantes, notamment les chercheurs, les défenseurs de l'environnement, les décideurs politiques, les communautés locales et les développeurs de technologies, sont essentiels pour maximiser l'impact de la technologie robotique sur la conservation de l'environnement. Tenons notre engagement à promouvoir une utilisation responsable et éthique de la technologie et à garantir que les solutions technologiques contribuent à la préservation de la nature et au bien-être des générations actuelles et futures. Nous pouvons développer et mettre en œuvre des stratégies de conservation robotisées qui sont contextuellement pertinentes, sensibles à la culture et socialement inclusives en favorisant la collaboration interdisciplinaire et l'échange de connaissances. En outre, les efforts visant à promouvoir l'innovation et l'entrepreneuriat dans le développement et le déploiement de technologies robotiques pour la préservation de l'environnement sont essentiels pour ouvrir de nouvelles opportunités et intensifier les initiatives réussies. En outre, les efforts visant à impliquer et à responsabiliser les communautés locales dans les efforts de conservation, tels que les initiatives de science citoyenne et le suivi participatif, sont essentiels pour renforcer l'appropriation communautaire et le soutien aux objectifs de conservation et garantir la durabilité à long terme des interventions de conservation. Les incitations, subventions et prix pour la recherche en robotique et l'innovation en matière de conservation de l'environnement peuvent encourager l'investissement dans des technologies et des solutions prometteuses et stimuler la créativité. En outre, les efforts visant à relever les défis du renforcement des capacités et du transfert de technologie dans l'adoption et le déploiement de technologies robotiques pour la préservation de l'environnement sont essentiels pour garantir que les solutions technologiques parviennent à ceux qui en ont le plus besoin. De plus, les initiatives visant à promouvoir la commercialisation de la recherche en robotique et le transfert de technologie peuvent faciliter la traduction des découvertes scientifiques en applications pratiques qui profitent à la société et contribuent à la durabilité environnementale. La capacité d'utiliser efficacement la technologie robotique dans les activités de conservation peut être renforcée grâce à des programmes de formation et d'éducation destinés aux praticiens de la conservation, aux techniciens et aux communautés locales.L'adoption et l'adaptation de la technologie robotique dans divers contextes environnementaux et régions peuvent également être facilitées par des initiatives de transfert de technologie telles que des partenariats entre instituts de recherche, développeurs de technologies et organisations de conservation. De plus, la sensibilisation du public et son engagement dans la conservation de l'environnement grâce à la robotique sont essentiels pour obtenir le soutien et l'élan des objectifs et des initiatives de conservation. Les campagnes de sensibilisation et de communication qui mettent en évidence le rôle de la technologie robotique dans les réussites en matière de conservation, mettent en avant les solutions innovantes et les meilleures pratiques et impliquent le grand public dans des activités liées à la science citoyenne et à la conservation peuvent sensibiliser aux problèmes environnementaux et motiver l'action et la participation. De plus, la technologie robotique a le potentiel de révolutionner les efforts de conservation de l'environnement en fournissant de nouvelles solutions pour surveiller, gérer et restaurer les écosystèmes et les habitats fauniques. En conclusion, la technologie robotique a le potentiel de révolutionner les efforts de conservation de l'environnement en fournissant des solutions innovantes pour la surveillance, la gestion et la restauration des écosystèmes et des habitats fauniques. De nouvelles opportunités de gestion durable de l'environnement sont offertes par les technologies de conservation de l'environnement basées sur la robotique, qui vont de l'étude des paysages et de la surveillance de la biodiversité au nettoyage de la pollution et à la restauration des écosystèmes dégradés. Maintenons notre engagement à promouvoir l'utilisation responsable et éthique de la technologie et à garantir que les solutions technologiques contribuent à la préservation de la nature et au bien-être des générations actuelles et futures tout en continuant à utiliser la robotique pour préserver l'environnement.qui vont de l'étude des paysages et de la surveillance de la biodiversité au nettoyage de la pollution et à la restauration des écosystèmes dégradés. Maintenons notre engagement à promouvoir l'utilisation responsable et éthique de la technologie et à garantir que les solutions technologiques contribuent à la préservation de la nature et au bien-être des générations actuelles et futures tout en continuant à utiliser la robotique pour préserver l'environnement.qui vont de l'étude des paysages et de la surveillance de la biodiversité au nettoyage de la pollution et à la restauration des écosystèmes dégradés. Maintenons notre engagement à promouvoir l'utilisation responsable et éthique de la technologie et à garantir que les solutions technologiques contribuent à la préservation de la nature et au bien-être des générations actuelles et futures tout en continuant à utiliser la robotique pour préserver l'environnement.

Utiliser des robots pour les activités de conservation

Les efforts de conservation intègrent de plus en plus l'utilisation de robots pour résoudre divers problèmes environnementaux. Un aperçu de la manière dont les robots contribuent aux efforts de conservation peut être trouvé ici :

Surveillance des espèces et collecte de données La collecte de données sur les espèces et les habitats est transformée par les robots, en particulier les drones et les véhicules sous-marins autonomes (AUV). Ils sont capables de naviguer sur des terrains difficiles et éloignés et de collecter des données sur les populations, la santé et le comportement des espèces sans intervention humaine, ce qui est essentiel pour les écosystèmes délicats.

Contribution à la pollinisation Les pollinisateurs robotisés ont été développés en réponse au déclin des pollinisateurs naturels comme les abeilles. Pour maintenir les populations végétales et la diversité génétique au sein des écosystèmes, ces robots agissent de la même manière que les abeilles. Cependant, cette technologie en est encore à ses balbutiements et ses effets potentiels sur l'environnement à long terme sont encore en cours d'évaluation. Contrôle des espèces envahissantes De plus, des robots sont utilisés pour localiser et éradiquer les espèces envahissantes des écosystèmes. La survie des espèces indigènes et l'équilibre environnemental en sont tous deux favorisés. Nettoyer l'environnement Le nettoyage des zones polluées, telles que les plages et les marées noires, est facilité par des robots, réduisant ainsi l'impact des catastrophes environnementales. Des robots basés sur la biologie Les robots bioinspirés sont conçus pour travailler dans des environnements naturels avec peu de perturbations. Dans le cadre des efforts de conservation, ils peuvent mener des activités telles que l'exploration, la collecte de données, l'intervention et la maintenance. Parce qu'ils sont conçus pour se déplacer et ressentir comme des animaux, ces robots sont des outils de conservation non invasifs et durables. L'application de la robotique à la conservation constitue un développement prometteur dans les sciences de l'environnement car elle propose de nouvelles stratégies pour préserver la biodiversité et améliorer la santé des écosystèmes. On s'attend à ce que l'utilisation de ces outils robotiques dans les efforts de conservation augmente en portée et en efficacité à mesure que la technologie progresse, transformant ainsi le domaine.

Chapitre 17 : Reconstruire les communautés après une catastrophe grâce aux innovations robotiques en matière de reprise après sinistre

La technologie robotique devient de plus en plus importante dans les efforts de reprise après sinistre suite à des catastrophes naturelles et des crises humanitaires. Il propose des solutions innovantes pour une réponse rapide, une évaluation des dommages et une reconstruction résiliente. Les robots changent la façon dont les communautés se rétablissent et se reconstruisent après des catastrophes, depuis la recherche et le sauvetage jusqu'à la réparation des infrastructures et l'enlèvement des débris. L'une des applications les plus importantes de la technologie robotique dans la reprise après sinistre concerne les opérations de recherche et de sauvetage, où des robots équipés de capteurs, de caméras et de systèmes de communication peuvent naviguer dans des environnements dangereux et localiser les survivants coincés dans des bâtiments effondrés, des décombres ou des débris. Dans ce chapitre, nous examinerons le rôle des innovations robotiques dans la reprise après sinistre ainsi que leur impact sur la reconstruction des communautés et la restauration des moyens de subsistance.

Les robots terrestres et les véhicules aériens sans pilote (UAV) dotés d'imagerie thermique, de LiDAR et d'autres technologies de détection peuvent étudier les zones touchées par une catastrophe, localiser des signes de vie et fournir des informations vitales aux équipes de secours, rendant ainsi les opérations de recherche et de sauvetage plus efficaces. En outre, les robots spécialisés tels que les robots ressemblant à des serpents et les véhicules sous-marins sans pilote (UUV) peuvent pénétrer dans des endroits restreints et des environnements sous-marins, ce qui permet aux équipes de recherche et de sauvetage de travailler plus facilement sur des terrains difficiles. De plus, la technologie robotique révolutionne l'évaluation des dommages dans les régions touchées par des catastrophes en permettant d'évaluer rapidement et précisément les dommages aux infrastructures et les dangers environnementaux. Des caméras haute résolution et des capteurs LiDAR peuvent être utilisés dans les drones de télédétection pour rechercher des bâtiments, des ponts, des routes et d'autres infrastructures critiques endommagés. Les drones fournissent ensuite aux ingénieurs et aux planificateurs des cartes 3D détaillées et des modèles numériques qui les aident à déterminer la solidité de la structure et quelles réparations doivent être effectuées en premier. De plus, la technologie robotique est utilisée dans les opérations d'enlèvement et de nettoyage des débris à la suite de catastrophes, offrant des solutions efficaces et sûres pour éliminer les débris, rétablir l'accès aux infrastructures critiques et préparer les sites à la reconstruction. De plus, les capteurs et les systèmes de surveillance robotisés peuvent détecter et évaluer les risques environnementaux tels que les déversements de produits chimiques, les fuites de radiations et la contamination de l'air et de l'eau. Cela permet une réponse rapide et des mesures d'atténuation pour protéger la santé et la sécurité publiques. À l'aide de manipulateurs et d'outils de démolition, les plates-formes robotiques telles que les véhicules terrestres sans pilote (UGV) et les drones peuvent nettoyer les débris, creuser des sites dans des environnements dangereux et instables et éliminer les décombres, accélérant ainsi le processus de nettoyage. De plus, les bulldozers et excavatrices autonomes, systèmes robotisés capables de déplacer la terre et de préparer un chantier, permettent de reconstruire rapidement les installations et les infrastructures dans les zones sinistrées. Cependant, si la technologie robotique est très prometteuse pour améliorer les efforts de reprise après sinistre, elle soulève également d'importantes questions d'éthique, de sécurité et d'impact humain. Pour garantir que les interventions robotiques respectent la dignité humaine et favorisent le bien-être humain, il est nécessaire d'examiner attentivement les préoccupations éthiques concernant l'utilisation de robots dans les interventions en cas de catastrophe, telles que la vie privée, le consentement et les droits des populations touchées. En conclusion, la technologie robotique transforme les efforts de reprise après sinistre en fournissant des solutions innovantes pour la recherche et le sauvetage, l'évaluation des dommages, l'enlèvement des débris et la reconstruction dans les zones touchées par une catastrophe. De plus, les efforts visant à répondre aux considérations de sécurité, telles que l'évaluation des risques, la formation et les protocoles de collaboration, sont essentiels pour garantir le déploiement sûr et efficace de la technologie robotique dans les opérations de reprise après sinistre. Les robots aident les communautés à se relever et à se reconstruire après des catastrophes de diverses manières, notamment en réduisant les risques, en sauvant des vies et en accélérant les efforts de relèvement et de reconstruction. Maintenons notre engagement à promouvoir l'utilisation responsable et éthique de la technologie et à garantir que les interventions robotiques contribuent à la construction de communautés résilientes et au rétablissement de l'espoir et de la stabilité face à l'adversité, alors que nous continuons à exploiter la puissance de la robotique dans reprise après sinistre. Pour que la technologie robotique ait le plus grand impact sur la reprise après sinistre, il est essentiel de déployer des efforts pour encourager la collaboration et la coordination entre les différentes parties prenantes, telles que les agences gouvernementales, les organisations humanitaires, les développeurs de technologies et les communautés locales. Les parties prenantes peuvent élaborer des stratégies globales et efficaces de réponse aux catastrophes et de rétablissement en favorisant les partenariats et le partage des connaissances. Cela leur permettra de tirer parti des compétences et des capacités d'une variété d'acteurs. En outre, les efforts visant à promouvoir l'innovation et l'entrepreneuriat dans le développement et le déploiement de technologies robotiques pour la reprise après sinistre sont essentiels pour débloquer de nouvelles opportunités et intensifier les initiatives réussies. En outre, les efforts visant à impliquer et à responsabiliser les communautés locales dans les efforts de préparation et de réponse aux catastrophes, tels que les initiatives communautaires de gestion des catastrophes et les programmes de formation, sont essentiels pour renforcer la résilience et promouvoir l'autonomie face aux catastrophes. Les incitations, subventions et prix pour la recherche et l'innovation en robotique dans les interventions et le rétablissement en cas de catastrophe peuvent encourager l'investissement dans des technologies et des solutions prometteuses ainsi que stimuler la créativité. En outre, les efforts visant à surmonter les obstacles réglementaires et politiques à l'adoption et au déploiement de la technologie robotique pour la reprise après sinistre sont essentiels pour garantir que les solutions technologiques sont déployées de manière sûre, éthique et efficace. En outre, les initiatives visant à promouvoir le transfert de technologie et le renforcement des capacités dans les régions touchées par des catastrophes peuvent contribuer à renforcer l'expertise et les capacités locales pour utiliser la robotique dans les efforts de reprise après sinistre. Les lignes directrices et les cadres réglementaires pour l'utilisation de la technologie robotique dans les interventions et le rétablissement en cas de catastrophe peuvent contribuer à atténuer les risques de conséquences imprévues et d'utilisation abusive de la technologie, à protéger les droits et la dignité des populations touchées et à garantir le respect des normes de sécurité. En outre, les efforts visant à sensibiliser le public et à l'impliquer dans la reprise après sinistre assistée par la robotique sont essentiels pour créer un soutien et une dynamique en faveur des efforts de préparation et d'intervention en cas de catastrophe. En outre, les efforts visant à promouvoir des normes mondiales pour une utilisation responsable et éthique de la technologie robotique dans le cadre de la reprise après sinistre sont essentiels. Il est possible de sensibiliser aux risques de catastrophe et d'encourager des mesures proactives pour atténuer leur impact grâce à des campagnes de sensibilisation et d'éducation qui mettent en évidence le rôle de la technologie robotique dans la réponse aux catastrophes et le rétablissement.présenter des solutions innovantes et des meilleures pratiques, et impliquer le public dans des activités de bénévolat et de plaidoyer. En conclusion, la technologie robotique a le potentiel de transformer les efforts de reprise après sinistre en fournissant des solutions innovantes pour la recherche et le sauvetage, l'évaluation des dommages, l'enlèvement des débris et la reconstruction dans les zones touchées par une catastrophe. De plus, les efforts visant à promouvoir la culture numérique et les compétences technologiques auprès de divers publics peuvent permettre aux individus d'utiliser la technologie robotique pour la préparation, la réponse et le rétablissement en cas de catastrophe dans leurs communautés. Les robots aident les communautés à se relever et à se reconstruire après des catastrophes de diverses manières, notamment en réduisant les risques, en sauvant des vies et en accélérant les efforts de relèvement et de reconstruction. Maintenons notre engagement à promouvoir l'utilisation responsable et éthique de la technologie et à garantir que les interventions robotiques contribuent à la construction de communautés résilientes et au rétablissement de l'espoir et de la stabilité face à l'adversité, tout en continuant à exploiter la puissance de la robotique dans reprise après sinistre.

Utiliser la technologie pour reconstruire après une catastrophe

Après une catastrophe, les efforts de reconstruction reposent en grande partie sur la technologie. Voici quelques applications de la technologie : Données satellitaires : L'imagerie satellitaire peut être essentielle pour déterminer l'étendue des dégâts et planifier la reconstruction. Par exemple, les plans de réaménagement à Sulawesi, en Indonésie, ont été guidés par des données satellitaires suite au tremblement de terre et au tsunami de 2018. Reconstruction des infrastructures : L'idée de « reconstruire en mieux » implique l'utilisation de la technologie pour renforcer la résistance des infrastructures aux catastrophes futures. Pour réduire les dégâts causés par les inondations, cela peut impliquer de concevoir des routes qui absorbent l'eau.

• Technologie de construction : les procédures de reconstruction peuvent être rendues plus fluides et plus rapides en utilisant l'automatisation et d'autres technologies de construction.

• Conscience artificielle (intelligence simulée) : l'intelligence informatique modifie les réactions de fiasco en anticipant et en planifiant les catastrophes, en renforçant les efforts de réaction et en travaillant avec les forces locales.

• Technologies de résilience : de nouveaux outils sont développés pour rendre les gens plus résilients aux catastrophes, comme les outils de prévision des pannes des services publics et l'utilisation des médias sociaux pour cartographier avec précision les sites de catastrophes. En plus d'aider immédiatement après une catastrophe, ces technologies contribuent également à la planification du relèvement et de la résilience à long terme.

Chapitre 18 : Assistants personnels et robots : redéfinir la vie quotidienne avec des compagnons IA

L'assistance personnelle change la façon dont les gens vivent leur vie quotidienne en intégrant la robotique et l'intelligence artificielle (IA) de manière innovante qui améliore la productivité, la facilité d'utilisation et le bien-être. La façon dont les gens interagissent avec la technologie et gèrent leurs routines quotidiennes est redéfinie par la technologie robotique, qui comprend les assistants virtuels, les compagnons robotiques et les soignants. L'une des principales applications de la robotique et de l'IA dans l'assistance personnelle est la domotique intelligente, où les appareils et capteurs interconnectés permettent un contrôle et une gestion transparents des tâches et des systèmes domestiques. Dans ce chapitre, nous examinerons l'évolution de la robotique et de l'IA dans l'assistance à la personne et leur impact sur la redéfinition de la vie quotidienne. Les algorithmes de traitement du langage naturel et d'intelligence artificielle (IA) permettent aux assistants domestiques intelligents de répondre aux commandes vocales, de gérer les horaires et de contrôler les appareils intelligents tels que les thermostats, les lumières, les appareils électroménagers et les systèmes de sécurité.

Cela rend les routines quotidiennes plus pratiques et efficaces. De plus, les assistants virtuels et les interfaces basées sur l'IA révolutionnent la façon dont les gens interagissent avec l'information et accèdent aux services. Les robots aspirateurs, tondeuses à gazon et autres appareils autonomes automatisent les tâches ménagères, libérant ainsi du temps et de l'énergie pour d'autres activités. Les commandes en langage naturel permettent aux utilisateurs d'accéder à des informations et à des services pertinents, de gérer des tâches et d'organiser leurs horaires avec l'aide d'assistants virtuels comme Siri, Alexa et Google Assistant, qui fournissent une assistance personnalisée et une récupération d'informations. De plus, la technologie robotique est intégrée aux appareils portables et aux gadgets personnels, offrant une assistance et un soutien personnalisés aux individus dans divers contextes. De plus, des chatbots et des agents virtuels basés sur l'IA sont déployés dans le service client, les soins de santé et d'autres domaines pour fournir une assistance et un support personnalisés aux utilisateurs, améliorant ainsi l'accessibilité et l'efficacité de la prestation de services. Les robots portables comme les exosquelettes et les prothèses intelligentes permettent aux personnes handicapées ou à mobilité réduite d'effectuer plus facilement et de manière plus indépendantes leurs tâches quotidiennes. Les robots personnels et les compagnons dotés d'algorithmes d'IA et de capacités d'interaction sociale fournissent également de la compagnie, de l'assistance et un soutien émotionnel à ceux qui en ont besoin, luttant ainsi contre la solitude et l'isolement social des personnes âgées et handicapées. Cependant, bien que la robotique et l'IA soient très prometteuses pour améliorer l'assistance personnelle et la qualité de vie, elles soulèvent également d'importantes préoccupations en matière de confidentialité, de sécurité et d'utilisation éthique de la technologie. Pour garantir que les droits et intérêts des individus sont protégés, les préoccupations concernant la confidentialité des données, la surveillance ainsi que la collecte et l'utilisation d'informations personnelles par les systèmes basés sur l'IA doivent être soigneusement prises en compte. En conclusion, la robotique et l'intelligence artificielle redéfinissent la vie quotidienne avec des solutions innovantes d'assistance personnelle qui offrent commodité, efficacité et accompagnement dans la gestion des tâches et routines quotidiennes. Ces solutions sont essentielles pour promouvoir une utilisation équitable et éthique de l'IA dans l'assistance à la personne. De plus, les efforts visant à remédier aux préjugés et aux limites des algorithmes d'IA, tels que l'équité, la transparence et la responsabilité, sont essentiels. La façon dont les gens interagissent avec la technologie et mènent leur vie quotidienne est transformée par la technologie robotique, qui comprend des robots portables, des assistants virtuels, la domotique intelligente et des compagnons personnels. Les efforts visant à promouvoir l'inclusivité et l'accessibilité dans le développement et le déploiement de la robotique et de l'IA dans l'assistance personnelle sont essentiels pour garantir que ces technologies profitent à tous les individus, quels que soient leur âge, leurs capacités ou leurs antécédents.Restons déterminés à promouvoir une utilisation responsable et éthique de la technologie et à garantir que les solutions robotiques contribuent à améliorer le bien-être et la qualité de vie de tous les individus. L'accessibilité et la convivialité pour les personnes handicapées ou ayant des exigences particulières peuvent être améliorées en créant des interfaces conviviales, des modèles d'interaction intuitifs et des fonctionnalités inclusives qui répondent à une variété de préférences et d'exigences. En outre, il est essentiel de relever les défis réglementaires et politiques liés à l'adoption et au déploiement de la robotique et de l'IA dans l'assistance personnelle afin de promouvoir une utilisation responsable et éthique de la technologie. En outre, il est essentiel de relever les défis réglementaires et politiques liés à l'adoption et au déploiement de la robotique et de l'IA dans l'assistance personnelle. Pour garantir la protection des droits et des intérêts des individus, les cadres réglementaires et les lignes directrices qui régissent le développement, le déploiement et l'utilisation de systèmes basés sur l'IA doivent tenir compte de considérations importantes telles que la confidentialité, la sécurité, la transparence et la responsabilité. En outre, les efforts visant à promouvoir l'éducation et la sensibilisation à la robotique et à l'IA dans l'assistance personnelle sont essentiels pour permettre aux individus de prendre des décisions éclairées concernant l'adoption et l'utilisation de la technologie. De plus, les efforts visant à promouvoir la transparence et l'explicabilité des algorithmes d'IA et des processus décisionnels sont essentiels pour instaurer la confiance entre les utilisateurs et les parties prenantes. Les programmes d'éducation et de formation qui enseignent aux gens comment utiliser les systèmes basés sur l'IA de manière responsable et efficace peuvent accroître la culture numérique et donner aux gens la possibilité d'utiliser la technologie pour leur croissance personnelle et professionnelle. En outre, les efforts visant à promouvoir la collaboration interdisciplinaire et l'échange de connaissances entre les parties prenantes, notamment les chercheurs, les développeurs, les décideurs politiques et les utilisateurs finaux, sont essentiels pour stimuler l'innovation et faire progresser le domaine de la robotique et de l'IA en matière d'assistance personnelle. En outre, les efforts visant à sensibiliser aux avantages et aux risques potentiels de la robotique et de l'IA dans l'assistance personnelle, ainsi qu'aux meilleures pratiques pour une utilisation éthique et responsable, peuvent favoriser une prise de décision éclairée et promouvoir des résultats positifs pour les individus et la société. En conclusion, la robotique et l'intelligence artificielle remodèlent la vie quotidienne avec des solutions innovantes d'assistance personnelle qui offrent commodité, efficacité et accompagnement dans la gestion des tâches et routines quotidiennes. Les parties prenantes peuvent tirer parti de diverses perspectives et expertises pour relever des défis complexes et développer des solutions innovantes qui répondent aux besoins et aux préférences des individus dans divers contextes et environnements en favorisant les partenariats et la collaboration entre secteurs et disciplines. La façon dont les gens interagissent avec la technologie et mènent leur vie quotidienne est transformée par la technologie robotique, qui comprend des robots portables, des assistants virtuels, la domotique intelligente et des compagnons personnels.Maintenons notre engagement à promouvoir une utilisation responsable et éthique de la technologie et à garantir que les solutions robotiques contribuent à améliorer le bien-être et la qualité de vie de tous les individus, tout en continuant à exploiter la puissance de l'IA et de la robotique dans l'assistance personnelle.

Soins personnels à l'automatisation de la maison

Un domaine en pleine croissance qui vise à aider les individus, en particulier les personnes âgées, dans leur vie quotidienne est celui des soins personnels grâce à la domotique et à la robotique. Voici un résumé de la façon dont les soins personnels et la domotique sont transformés par la robotique : Soins aux personnes âgées : Des robots sont conçus pour aider les personnes âgées à vivre confortablement dans leur maison. Ils peuvent vous aider dans les activités quotidiennes comme manger, prendre un bain, vous habiller et vous déplacer d'un endroit à un autre. Systèmes spécialisés : Beaucoup de ces systèmes ne sont pas des robots humanoïdes mais plutôt des machines spécialisées conçues pour faire des choses spécifiques, comme des aspirateurs robotiques. Ils peuvent être mis en œuvre progressivement et sont plus simples à concevoir et à mettre en œuvre. Assistance physique : certains robots sont conçus pour aider les gens à monter et descendre des chaises, des lits et d'autres meubles, à suivre des recettes, à plier les serviettes et à administrer des médicaments. De ce fait, l'indépendance est préservée et le besoin d'une assistance humaine constante est réduit. Engagement social et émotionnel : Les robots agissent également comme compagnons sociaux pour les personnes âgées, les engageant socialement et émotionnellement pour les aider à gérer leur déclin cognitif et à le ralentir. Ils peuvent offrir une thérapie et un accompagnement aux personnes seules ou souffrant de maladies liées à la démence2. Automatisation des soins à domicile L'automatisation des processus robotisés (RPA) utilise l'intelligence artificielle et l'apprentissage automatique pour automatiser les tâches répétitives de soins à domicile, ce qui peut être avantageux à la fois pour les patients et les soignants.

> **Développements futurs:** Avec les progrès des véhicules autonomes et d'autres technologies qui intégreront davantage la robotique dans l'assistance personnelle et les soins à domicile, le domaine évolue rapidement. L'intégration de la robotique dans les soins à domicile n'est pas seulement une question de commodité ; il s'agit également d'améliorer la qualité de vie de ceux qui ont besoin d'aide et de leur permettre de vivre avec plus de dignité et d'indépendance.

Chapitre 19 : Recherche et développement en robotique : obstacles et opportunités

La recherche et le développement en robotique sont à la pointe de l'innovation technologique et recèlent un énorme potentiel pour résoudre des problèmes difficiles et élargir les connaissances et les capacités humaines. Cependant, la robotique présente des défis uniques qui doivent être surmontés pour réaliser son plein potentiel, en plus des opportunités d'avancement.

L'un des principaux défis de la recherche et du développement en robotique consiste à assurer la robustesse et la fiabilité des systèmes robotiques, en particulier dans des environnements dynamiques et imprévisibles. Dans ce chapitre, nous examinerons les principaux défis et opportunités de la recherche et du développement en robotique, ainsi que les stratégies permettant de naviguer sur la voie de l'innovation et du progrès. Il est essentiel de garantir que les robots peuvent fonctionner de manière sûre et efficace dans diverses conditions changeantes, car ils sont de plus en plus utilisés dans des applications réelles telles que la fabrication, les soins de santé et les interventions en cas de catastrophe. Pour améliorer la robustesse et l'adaptabilité des systèmes robotiques, des solutions innovantes dans des domaines tels que la perception, le contrôle et la planification sont nécessaires pour résoudre des problèmes tels que l'incertitude des capteurs, la variabilité environnementale et la complexité des systèmes. De plus, l'évolutivité et l'interopérabilité posent d'importantes difficultés dans la recherche et le développement en robotique, d'autant plus que la technologie robotique s'intègre de plus en plus dans des systèmes et des réseaux complexes. Promouvoir l'évolutivité et l'adaptabilité des applications robotiques nécessite la création d'interfaces et de composants modulaires et standardisés qui permettent aux systèmes robotiques de s'intégrer de manière transparente aux infrastructures et technologies existantes et d'interagir les uns avec les autres. Pour améliorer la coordination et la coopération entre agents hétérogènes, il est essentiel de résoudre les problèmes d'interopérabilité dans les systèmes multi-robots et de collaboration homme-robot. De plus, la prise en compte des implications éthiques, juridiques et sociétales constitue un obstacle important à la recherche et au développement en robotique, d'autant plus que les robots deviennent de plus en plus autonomes et omniprésents dans la société. Pour garantir que la technologie robotique soit développée et utilisée de manière éthique, responsable et bénéfique pour la société, il est nécessaire d'examiner attentivement les préoccupations concernant la sécurité, la confidentialité, la responsabilité et l'impact de la robotique sur l'emploi et la dynamique sociale. En outre, favoriser la collaboration interdisciplinaire et la diversité dans la recherche et le développement en robotique est essentiel pour stimuler l'innovation et relever des défis complexes sous de multiples perspectives. En outre, les efforts visant à promouvoir la transparence, la responsabilité et l'engagement du public dans la recherche et le développement en robotique sont essentiels pour instaurer la confiance entre les parties prenantes et garantir que les avantages de la technologie robotique sont équitablement répartis. Il est possible de favoriser la créativité, la pollinisation croisée des idées et les approches holistiques pour relever les défis sociétaux grâce à la technologie robotique en réunissant des chercheurs, des ingénieurs, des décideurs politiques, des éthiciens, des spécialistes des sciences sociales et d'autres parties prenantes d'horizons et de disciplines variés. En conclusion, la recherche et le développement en robotique offrent d'énormes opportunités pour relever des défis complexes et faire progresser les connaissances et les capacités humaines. En outre, les efforts visant à promouvoir la diversité et l'inclusion dans la communauté robotique, y compris les initiatives visant à soutenir les groupes sous-représentés et à favoriser des environnements de recherche inclusifs, sont essentiels pour garantir que la recherche et le développement en robotique reflètent les diverses perspectives et expériences de la société. Cependant, des obstacles majeurs tels que la robustesse, l'évolutivité, l'éthique et la diversité doivent être surmontés avant que la robotique puisse atteindre son plein potentiel. Nous pouvons naviguer sur la voie de l'innovation et du progrès dans la recherche et le développement en robotique et libérer tout le potentiel de la robotique au profit de la société en adoptant la collaboration interdisciplinaire, en favorisant l'innovation et en promouvant une utilisation responsable et éthique de la technologie. Les efforts visant à promouvoir l'éducation et la formation en recherche et développement en robotique sont essentiels pour former la prochaine génération de chercheurs et de praticiens en robotique. Nous pouvons encourager les étudiants à poursuivre une carrière en robotique et à contribuer aux progrès dans le domaine en investissant dans des programmes éducatifs STEM (sciences, technologie, ingénierie et mathématiques), des concours de robotique et des opportunités d'apprentissage pratique. De plus, il est essentiel de favoriser la collaboration et le partage des connaissances entre le monde universitaire, l'industrie et le gouvernement pour stimuler l'innovation et traduire les découvertes de la recherche en applications pratiques. De plus, les efforts visant à promouvoir les opportunités d'apprentissage tout au long de la vie et de développement professionnel pour les professionnels de la robotique peuvent garantir qu'ils restent au courant des développements les plus récents et des tendances émergentes en matière de recherche et de technologie en robotique. Les parties prenantes peuvent utiliser une expertise, des ressources et des infrastructures complémentaires pour accélérer l'innovation et relever des défis complexes en matière de recherche et de développement en robotique en formant des partenariats et des cadres de collaboration. En outre, les efforts visant à promouvoir la science ouverte et le développement open source dans la recherche et le développement en robotique sont essentiels pour faire progresser le partage des connaissances et accélérer les progrès dans ce domaine. En outre, les efforts visant à promouvoir le transfert de technologie et la commercialisation de la recherche en robotique peuvent faciliter la traduction des découvertes scientifiques en produits et services commercialisables qui profitent à la société et stimulent la croissance économique. Les chercheurs peuvent relever efficacement les défis majeurs de la recherche et du développement en robotique en adoptant des normes ouvertes, en partageant des données, du code et des ressources et en encourageant la collaboration au-delà des frontières institutionnelles et disciplinaires. En outre, remédier aux contraintes de financement et de ressources constitue un défi important dans la recherche et le développement en robotique, en particulier pour les projets à un stade précoce et à haut risque. De plus, les efforts visant à promouvoir la transparence et la reproductibilité dans la recherche en robotique peuvent améliorer la crédibilité et la fiabilité des résultats de la recherche et permettre à la communauté de recherche au sens large de reproduire et de valider plus facilement les résultats.Les parties prenantes peuvent soutenir un portefeuille diversifié d'initiatives de recherche en robotique et favoriser l'innovation dans les domaines de la science fondamentale et des applications pratiques en investissant dans la recherche fondamentale, la recherche appliquée et le développement technologique dans l'ensemble du pipeline d'innovation. En conclusion, la recherche et le développement en robotique offrent d'énormes opportunités pour relever des défis complexes et faire progresser les connaissances et les capacités humaines. De plus, les efforts visant à promouvoir les partenariats public-privé, les investissements en capital-risque et les initiatives de financement participatif peuvent mobiliser des ressources et une expertise supplémentaires pour soutenir les efforts de recherche et de développement en robotique. Nous pouvons tracer la voie de l'innovation et du progrès dans la recherche et le développement en robotique en relevant des défis clés tels que la robustesse, l'évolutivité, l'éthique et la diversité, et en adoptant la collaboration interdisciplinaire, l'innovation et l'utilisation responsable de la technologie. Nous pouvons libérer tout le potentiel de la robotique au profit de la société et relever les défis majeurs auxquels l'humanité est confrontée au 21e siècle si nous travaillons ensemble.

Naviguer à la frontière de l'innovation robotique

Un voyage passionnant dans un domaine qui combine créativité, ingénierie et résolution de problèmes pour créer des machines intelligentes capables d'effectuer une variété de tâches consiste à franchir la frontière de l'innovation robotique. À mesure que ces machines s'intègrent de plus en plus dans notre vie quotidienne, la robotique ne se limite pas à l'automatisation ; cela implique également la collaboration, l'adaptabilité et des considérations éthiques. Voici quelques innovations importantes en robotique : Un aperçu du passé : Le domaine de la robotique a progressé depuis les premiers automates jusqu'aux machines sophistiquées d'aujourd'hui, avec des étapes importantes telles que le développement de l'intelligence artificielle et les premiers robots industriels. Fait contre réalité : Dans le film indien « 2.0 », le personnage de Chitti illustre les objectifs de la robotique et comment de telles représentations inspirent le progrès dans le monde réel. Applications dans l'industrie : la robotique améliore l'efficacité, la précision et la sécurité dans des tâches auparavant difficiles ou risquées, transformant ainsi les industries. Intelligence artificielle et robotique : La combinaison de la robotique et de l'intelligence artificielle ouvre de nouveaux domaines d'apprentissage et d'adaptabilité et repousse les limites de l'autonomie et de la prise de décision. Robotique DIY : Il existe une communauté florissante pour la robotique DIY, et les kits robotiques encouragent une culture de créativité et d'éducation parmi les passionnés.

Défis et éthique : L'importance du développement responsable est soulignée par les difficultés qu'un développement rapide entraîne, telles que la suppression d'emplois et les problèmes de confidentialité. Tendances émergentes : L'avenir dynamique qui nous attend dans ce domaine comprend des tendances émergentes telles que la robotique douce et la robotique en essaim. Le domaine de la robotique est sur le point de connaître une expansion et une transformation sans précédent alors que nous entrons dans une nouvelle ère, s'étendant jusqu'à nos maisons, nos hôpitaux et même l'espace. C'est un domaine qui, avec ces compagnons mécaniques dévoués, semble prêt à façonner notre avenir. Acceptez le voyage vers l'innovation, où les humains et les machines coexistent, et repoussez les limites de ce que l'on pensait autrefois impossible.

Chapitre 20 : L'avenir de la robotique : prédire les tendances et concevoir le monde de demain

L'avenir de la robotique est très prometteur pour façonner le monde de demain à l'approche d'une nouvelle ère marquée par le progrès technologique et l'innovation. Pour orienter la prise de décision stratégique et se préparer aux opportunités et aux défis à venir, il est essentiel d'anticiper les tendances émergentes et de comprendre l'impact potentiel de la robotique sur la société, l'économie et la culture.

La convergence de la robotique avec d'autres technologies émergentes, telles que l'intelligence artificielle, l'apprentissage automatique et l'Internet des objets (IoT), est l'une des principales tendances qui façonnent l'avenir de la robotique. Dans ce dernier chapitre, nous explorerons l'avenir de la robotique et envisagerons l'évolution de la technologie et son impact transformateur sur nos vies et le monde qui nous entoure. Nous pouvons nous attendre à une nouvelle génération de robots intelligents et autonomes capables d'apprendre, de s'adapter et de collaborer dans des environnements complexes et dynamiques, à mesure que la technologie robotique s'intègre de plus en plus aux algorithmes d'IA, à l'analyse de données et aux capteurs et appareils connectés. Les soins de santé, les transports, l'industrie manufacturière et le divertissement ne sont que quelques-uns des secteurs qui bénéficieront de cette convergence des technologies, qui remodèlera également notre façon de vivre, de travailler et d'interagir avec la technologie. En outre, la démocratisation et la décentralisation de la technologie robotique, qui permettront à un plus grand nombre de personnes de participer à la recherche et au développement en robotique, définissent l'avenir de la robotique. Les logiciels et matériels open source, la fabrication distribuée et les plateformes d'innovation collaborative démocratisent l'accès à la technologie robotique et donnent aux individus et aux communautés la possibilité de concevoir, construire et mettre en œuvre leurs propres systèmes robotiques pour un large éventail d'utilisations. L'émergence de robots socialement et émotionnellement intelligents, capables d'interagir avec les humains de manière significative et empathique, façonnera également l'avenir de la robotique. Cette démocratisation de la technologie robotique stimulera l'innovation, l'entrepreneuriat et la créativité à la base. Il répondra également aux divers besoins et préférences de la société. Il existe une demande croissante pour des robots capables de comprendre et de répondre aux émotions, intentions et signaux sociaux humains, à mesure que les robots sont de plus en plus intégrés dans diverses facettes de la vie quotidienne, telles que la compagnie, l'éducation, les soins et le divertissement. L'informatique affective, la robotique sociale et l'interaction homme-robot ont permis aux robots de percevoir et d'interpréter les émotions humaines, de faire preuve d'empathie et de compassion et d'adapter leur comportement aux contextes sociaux. En conséquence, les interactions entre humains et robots deviennent plus approfondies et plus significatives. De plus, à mesure que les robots deviennent de plus en plus autonomes et ancrés dans la société, l'avenir de la robotique se caractérise par l'importance croissante d'une utilisation éthique et responsable de la technologie. Pour garantir que la technologie robotique soit développée et utilisée de manière éthique, équitable et bénéfique pour la société, il est nécessaire d'examiner attentivement les préoccupations concernant la sécurité, la confidentialité, la transparence, la responsabilité et l'impact de la robotique sur l'emploi et la dynamique sociale. En conclusion, l'avenir de la robotique est extrêmement prometteur pour façonner le monde de demain et faire progresser le progrès et le bien-être de l'humanité. En outre, les efforts visant à promouvoir la diversité, l'inclusion,et la justice sociale dans la recherche et le développement en robotique sont essentielles pour garantir que la technologie robotique reflète les diverses perspectives et expériences de la société et réponde aux besoins et préférences de tous les individus. Nous pouvons exploiter le pouvoir transformateur de la robotique pour relever des défis majeurs, favoriser l'innovation et créer un avenir plus équitable et plus durable pour tous en anticipant les tendances émergentes, en comprenant l'impact potentiel de la robotique sur la société et en orientant la prise de décision stratégique. Embarquons ensemble dans ce voyage vers la robotique du futur, façonnant un monde dans lequel les robots et les humains coexistent harmonieusement, enrichissant nos vies et faisant progresser nos objectifs communs de progrès et de prospérité. Des efforts visant à promouvoir la collaboration interdisciplinaire et l'échange de connaissances seront nécessaires pour stimuler l'innovation et relever les défis complexes de la robotique à l'avenir. Les parties prenantes peuvent développer des solutions holistiques aux défis sociétaux et promouvoir l'utilisation responsable et éthique de la technologie robotique en favorisant les partenariats et la collaboration entre des disciplines telles que l'ingénierie, l'informatique, les neurosciences, la psychologie, la sociologie et l'éthique. De plus, les efforts visant à promouvoir l'enseignement de la robotique et le développement de la main-d'œuvre seront cruciaux pour préparer la prochaine génération de chercheurs, d'ingénieurs et de praticiens en robotique. En outre, les efforts visant à impliquer et à responsabiliser diverses parties prenantes, telles que les décideurs politiques, les dirigeants de l'industrie, les universitaires et les organisations de la société civile, dans les processus de dialogue et de prise de décision sont essentiels pour garantir que les avantages de la technologie robotique soient équitablement répartis et que les risques et les défis sont gérés efficacement. Les parties prenantes peuvent encourager les étudiants à poursuivre une carrière en robotique et contribuer aux progrès dans ce domaine en investissant dans des programmes d'éducation STEM, des concours de robotique et des expériences d'apprentissage pratique. En outre, les efforts visant à relever les défis réglementaires et politiques liés à l'avenir de la robotique seront essentiels pour promouvoir une utilisation responsable et éthique de la technologie et garantir que la technologie robotique profite à la société dans son ensemble. De plus, les efforts visant à promouvoir l'apprentissage tout au long de la vie et les opportunités de développement professionnel pour les professionnels de la robotique peuvent garantir qu'ils restent au courant des développements les plus récents et des tendances émergentes en matière de recherche et de technologie robotique. Pour garantir que la technologie robotique soit développée et utilisée de manière morale, équitable et bénéfique pour la société, les cadres réglementaires et les lignes directrices qui régissent le développement, le déploiement et l'utilisation de la technologie robotique doivent aborder des aspects importants tels que la sécurité, la confidentialité et la transparence. , la responsabilité et l'impact social. De plus,les efforts visant à faire progresser la participation mondiale et les efforts coordonnés en matière d'administration de la technologie mécanique et d'établissement de lignes directrices peuvent contribuer à harmoniser les lignes directrices et à faire progresser les normes mondiales pour l'utilisation consciente et morale de la technologie mécanique. En fin de compte, le destin de la technologie mécanique repose sur un engagement colossal à façonner le scène à venir et propulsant le progrès humain et la prospérité. Nous pouvons exploiter le pouvoir transformateur de la robotique pour relever des défis majeurs, favoriser l'innovation et créer un avenir plus équitable et plus durable pour tous en anticipant les tendances émergentes, en comprenant l'impact potentiel de la robotique sur la société et en orientant la prise de décision stratégique. Embarquons ensemble dans ce voyage vers la robotique du futur, façonnant un monde dans lequel les robots et les humains coexistent harmonieusement, enrichissant nos vies et faisant progresser nos objectifs communs de progrès et de prospérité. Des efforts visant à accroître la sensibilisation du public et son engagement dans la robotique du futur seront nécessaires pour générer un soutien et une dynamique pour les initiatives de recherche et de développement en robotique. Il est possible de sensibiliser le public à l'impact transformateur de la robotique sur la société et de susciter son intérêt et sa participation grâce à des campagnes de sensibilisation et d'éducation qui mettent en évidence les avantages potentiels de la technologie robotique, présentent des applications innovantes et répondent aux idées fausses et aux préoccupations courantes. En outre, les efforts visant à faire progresser l'éducation informatisée et les capacités mécaniques parmi différents publics peuvent inciter les gens à utiliser l'innovation technologique mécanique pour le développement individuel et expert, encourageant ainsi une culture de progrès et d'entrepreneuriat. En outre, les efforts visant à résoudre les difficultés culturelles et à promouvoir une amélioration gérable grâce à l'innovation technologique mécanique. sera fondamental pour garantir que ces avancées mécaniques avancées contribueront à la prospérité et à l'épanouissement des personnes actuelles et futures. Les parties prenantes peuvent se concentrer sur la résolution de défis mondiaux urgents tels que la pauvreté, les inégalités, le changement climatique et la dégradation de l'environnement en alignant les efforts de recherche et de développement en robotique sur les objectifs de développement durable (ODD) des Nations Unies. La technologie robotique peut être utilisée comme un outil ayant un impact social et environnemental positif. De plus, il est essentiel de lutter contre les préjugés, de promouvoir la diversité et l'inclusion et d'atténuer les conséquences imprévues pour garantir que les progrès de la robotique contribuent à la construction d'une société plus juste, équitable et durable. monde. De plus, pour maximiser les avantages de la technologie robotique et relever les défis mondiaux, les efforts visant à promouvoir la coopération et la collaboration internationales dans l'avenir de la robotique seront essentiels. Les parties prenantes peuvent utiliser une expertise, des ressources,et des infrastructures pour accélérer la recherche et le développement en robotique et relever efficacement les défis communs en favorisant les partenariats et l'échange de connaissances entre les nations et les régions. En conclusion, l'avenir de la robotique est extrêmement prometteur pour façonner le monde de demain et faire progresser le progrès et le bien-être de l'humanité. En outre, les efforts visant à promouvoir le transfert de technologie et le renforcement des capacités dans les pays et régions en développement peuvent garantir que la technologie robotique soit accessible à tous et abordable pour tous. Nous pouvons exploiter le pouvoir transformateur de la robotique pour relever de grands défis, favoriser l'innovation et créer un avenir plus équitable et plus durable pour tous en promouvant le développement durable, en relevant les défis sociétaux, en favorisant la coopération internationale et en favorisant la sensibilisation et l'engagement du public. Profitons des opportunités qui nous attendent et travaillons ensemble pour façonner un avenir dans lequel la technologie robotique améliorera nos vies, renforcera nos communautés et fera progresser nos objectifs communs de progrès et de prospérité. Développer une culture d'innovation et d'entrepreneuriat dans le domaine de la robotique sera essentiel pour stimuler la croissance économique et la prospérité. Les parties prenantes peuvent encourager les investissements, créer des emplois et ouvrir de nouvelles opportunités de développement économique et de compétitivité en favorisant un écosystème qui soutient la recherche et le développement, le transfert de technologie et la commercialisation des innovations robotiques. En outre, il sera essentiel de relever les défis liés à la confidentialité, à la sécurité et à l'utilisation éthique de la technologie robotique afin d'instaurer la confiance entre les parties prenantes et de garantir que les progrès de la robotique soient déployés de manière responsable et éthique. De plus, les efforts visant à promouvoir la collaboration entre le monde universitaire, l'industrie et le gouvernement, ainsi que le soutien aux startups et aux petites entreprises, peuvent accélérer la traduction de la recherche en robotique en produits et services commercialisables. Pour garantir que la technologie robotique est développée et utilisée d'une manière qui respecte les droits individuels et favorise le bien-être de la société, les cadres réglementaires et les lignes directrices qui régissent le développement et le déploiement de la technologie robotique doivent prendre en compte des considérations importantes telles que la confidentialité des données, la cybersécurité et la transparence algorithmique. . Ils doivent également promouvoir des principes tels que l'équité, la responsabilité et la transparence. De plus, il faut donner la priorité à la lutte contre les disparités en matière d'accès à la technologie et aux opportunités robotiques afin de garantir que les avantages des progrès de la robotique soient équitablement répartis et que personne ne soit laissé pour compte. En outre, les efforts visant à promouvoir le dialogue et l'engagement du public sur les implications éthiques et sociales de la technologie robotique peuvent favoriser une compréhension commune des risques et des opportunités associés aux progrès de la robotique. Les individus peuvent être habilités à participer à la révolution robotique et à contribuer à façonner son avenir en participant à des initiatives qui favorisent l'inclusion numérique, combler la fracture numérique et fournir aux groupes sous-représentés et aux communautés marginalisées un accès à l'éducation et à la formation en technologie robotique. En outre, il est essentiel de s'attaquer aux préjugés et aux obstacles à la participation à la recherche et au développement en robotique ainsi qu'à la diversité et à l'inclusion au sein de la main-d'œuvre si la recherche et le développement en robotique doivent refléter la diversité des perspectives et des expériences de la société et maximiser le talent et la créativité. En conclusion, il y a beaucoup d'espoir pour l'avenir de la robotique en termes d'innovation, d'expansion économique et de progrès social. Nous pouvons exploiter le pouvoir transformateur de la robotique pour créer un avenir meilleur pour tous en favorisant une culture d'innovation et d'entrepreneuriat, en abordant les questions éthiques et sociales et en promouvant l'inclusion et la diversité dans la recherche et le développement en robotique. Profitons des opportunités qui nous attendent et collaborons pour façonner un avenir dans lequel la technologie robotique améliore nos vies, renforce nos communautés et fait progresser nos objectifs communs de progrès et de prospérité. Profitons également des opportunités qui nous attendent.

Envisager la prochaine ère de l'intégration de la robotique

Des progrès significatifs dans les domaines de l'intelligence artificielle, de l'apprentissage automatique et de l'automatisation devraient caractériser la prochaine ère d'intégration de la robotique comme étant une ère transformatrice. Voici quelques prédictions et tendances clés qui devraient façonner le paysage robotique à l'avenir : Une IA et un apprentissage automatique plus intelligents : les robots deviendront plus intelligents et seront capables d'apprendre à partir des données et de s'adapter à de nouvelles situations. Perceptions sensorielles améliorées : les robots dotés de capteurs avancés pourront interagir plus en profondeur avec leur environnement. Interaction fluide entre l'homme et le robot : à mesure que la robotique sera de plus en plus ancrée dans la vie quotidienne, le monde deviendra plus interconnecté. Démocratisation de la robotique : à mesure que les coûts baisseront, la technologie robotique deviendra plus abordable pour les foyers, les petites entreprises et les établissements d'enseignement. Considérations éthiques et liées à l'emploi : Pour garantir une coexistence harmonieuse entre les humains et les robots, des changements dans l'éducation, le développement des compétences et les politiques sociales seront nécessaires à mesure que la robotique progresse. Ces développements amélioreront non seulement les capacités de la robotique actuellement utilisée, mais introduiront également de nouvelles applications et solutions dans diverses industries, notamment les soins de santé et la fabrication. C'est en effet un voyage passionnant pour anticiper et préparer l'avenir de la robotique.

Merci

www.ingramcontent.com/pod-product-compliance
Lightning Source LLC
Chambersburg PA
CBHW050051230526
45470CB00004B/1478